누군가의 마음을 헤아리고,

누군가를 위로하고,

누군가와 공감하며,

누군가의 가슴에 따뜻한 이름으로 기억될 당신께 드립니다.

당신의 손편지 친구 윤성희

소중한 마음을 담아

_____ 님께 드립니다.

기적의 손편지

저자 / 윤성희

삼성그룹에서 일하다가 방송작가가 되었다. PBC TV 다큐멘터리 작가, 라디오 작가, 웹 카피라이터, 노랫말 작사가, 콘텐츠 기획자 등으로 일하며 글쓰기 노하우를 쌓았다. 여러 매체에 글을 쓰는 프리랜서 작가로 활동하다가 대학에 들어가 문화교양을 전공하며 인문학에 관심을 갖게 되었고, 글쓰기 강의를 시작했다.

글쓰기 강의를 하며 콘텐츠를 연구하던 중 '손편지의 힘'을 깨닫게 되어 국내에서 유일한 손편지 강의를 만들어 진행했다. 현재 프리랜서 작가로 활동 중이며, 대안학교와 기업 등에서 글쓰기와 손편지 쓰기, 줌인(아줌마를 위한 인문학) 강의를 하고 있다.

진심이 담긴 편지 한 통이 사람의 관계와 세상을 바꾼다는 믿음으로 시작한 손편지 강의는 학교, 도서관 등에서 「인문학으로 보는 편지」, 「관계를 위한 작은 습관―손편지」, 「내 아이를 위한 관계혁명―손편지」 등, 국내 기업에서 「고객의 마음을 사로잡는 편지」, 「따뜻한 조직문화 만들기―짧은 편지」 등으로 진행되고 있다.

저자 이메일: writerda@gmail.com
페이스북: 손편지다 (https://www.facebook.com/handletterda)

관계를 바꾸는 작은 습관

기적의 손편지

초판 인쇄   2015년 2월 5일
4쇄 발행   2021년 9월 10일

지은이 윤성희
펴낸이 유해룡
펴낸곳 (주)스마트북스
출판등록 2010년 3월 5일 | 제2011-000044호
주소 서울시 영등포구 영등포로5길 19 동아프라임밸리 611호
편집전화 02)337-7800 | **영업전화** 02)337-7810 | **팩스** 02)337-7811

기획 · 편집 서선이, 이단비 | **마케팅** 윤영민 | **일러스트** 해그린달 | **본문디자인 · 전산편집** 서가기획
ISBN 979-11-85541-04-3   13320

홈페이지 www.smartbooks21.com
원고투고 www.smartbooks21.com/about/publication

copyright ⓒ 윤성희, 2015
이 책은 저작권법에 따라 보호받는 저작물이므로 무단 전재와 무단 복제를 금합니다.
Published by SmartBooks, Inc. Printed in Korea

관계를 바꾸는 작은 습관
기적의 손편지

윤성희 지음

[머리말]

손편지를 기다리는 사람들

며칠 전 미국에서 우편물이 하나 도착했다. 설레는 마음으로 봉투를 열어보니 볼펜 한 자루와 카드 두 통이 들어 있었다. 작년 겨울, 미국에 있는 선배와 후배 부부에게 엽서를 보냈는데 1년 만에 답장이 온 것이다. 카드를 펼쳐 글씨를 보는 순간, 눈물이 왈칵 쏟아졌다. 빈 공간을 찾아보기 힘들 만큼 가득 채운 손글씨가 한눈에 들어왔기 때문이다. 날마다 페이스북으로 서로의 소식을 확인하고, 쪽지를 주고받으며 근황을 전했는데도 그들은 많은 이야기를 카드에 담아 보냈다. 카드 속에 글은 이렇게 시작되었다.

"선배! 한참 지쳐 있을 때 선배가 보내준 엽서가 얼마나 반갑고 감사했는지 몰라요. 그 순간의 감격을 잊을 수 없네요. 엽서 내용을 읽을 때는 눈물이 좀 났어요. 언제부터인가 손편지라는 개념이 없어지고, 아예 편지라는 것은 제 시간 속에서 사라졌어요. 이렇게 반갑고 소중하고 눈물까지 나게 만드는 좋은 것을 잊고 있었네요. 그래서 요즘 작은 감사카드라도 꼭 몇 자 적고 있어요. 다시 소중한 것을 깨닫게 해준 선배에게 감사해요."

후배는 내가 편지를 보냈을 때도 페이스북으로 감사인사를 전했다. 그러나 그때의 느낌과 카드를 읽고 난 후의 느낌은 많이 달랐다. 이상하게도 페이스북으로 인사를 전했을 때보다 종이 위에 적힌 글자들이 더 크게 마음에 와 닿았다. 그리고 내가 보낸 편지 한 통이 그녀에게 얼마나 큰 기쁨을 주었는지 느낄 수 있었다. 나는 그녀의 카드를 읽으며 편지 쓰기를 참 잘했구나 생각했다.

몇 년 전부터 편지를 다시 쓰기 시작하면서 많은 사람들이 손편지를 기다리고 있다는 사실을 알게 되었다. 누구나 우편함 속에서 사람 글씨를 발견하기를 기대하는 것이다. 그러나 수많은 청구서와 전단지 사이에서 누군가가 쓴 손글씨를 발견하는 경우는 흔하지 않다. 예전에는 너무나 당연했던 손편지가 이제는 소중하고 희귀한 것이 된 것이다.

나는 이 책을 쓰면서 단 한 가지만을 생각했다. 이 책을 읽은 누군가가 책장을 덮고 난 후 단 한 통의 편지라도 쓰게 되기를 바랐다. 그게 누구든 편지 한 통이 주는 기쁨과 설렘을 함께 나누고 싶었다.

이 책에는 내가 오랫동안 썼던 편지에 관한 이야기들이 담겨 있다. 때로는 나를 웃게 하고, 때로는 나를 울린 아름다운 사람들의 모습을 편지로 담았다. 이제 그들의 이야기를 함께 나누며 다시 한 번 희망한다. 누군가가 편지지 위에 다른 사람의 이름을 불러오기를 말이다.

오랜 시간 동안 나의 편지 이야기를 기다려준 많은 분들과 소소한 편지 이야기에 관심과 애정을 가져주신 스마트북스의 모든 분들께 감사의 마음을 전한다. 또한 작품 수록을 허락해 주신 이해인 수녀님, 한결 같은 마음으로 나를 지지하고 응원해 준 가족들에게도 깊은 감사를 전하고 싶다. 특별히 책을 쓰는 동안 엄마의 부재를 참아준 찬과 솔, 두 아이에게 진심으로 감사와 사랑을 보낸다.

2015년 1월
윤성희 드림

차례

머리말—손편지를 기다리는 사람들   4

1장 손편지로 관계를 바꾸다

왜 손편지인가?   12
사람 글씨에 담긴 마음
연예인들이 손편지를 쓰는 이유
SNS는 소통의 도구인가?
손편지와 SNS의 차이점

손편지로 기존 관계 다지기   25
소원했던 관계 다지기
손편지로 관계를 일으켜 세운 기업들
자녀들과 관계를 회복한 부모들의 편지

손편지로 새로운 관계 만들기   37
엘리베이터에 붙은 편지
페이스북 친구에게 보낸 편지
작가들에게 보낸 편지

2장 손편지로 관계를 쓰다

받는 사람 정하기   48
손편지를 기다리는 사람들
할 말이 있는 사람 찾기
받을 사람 리스트 만들기

손편지 내용 구성 따라잡기   57
손편지의 구성과 문장
글의 흐름을 바꾼 편지
나만의 문장
단어 바꾸기 연습
그림처럼 보이는 문장

받는 사람이 좋아하는 7:3 법칙   71
내 편지의 독자는 누구인가
7:3의 법칙
7:3의 법칙을 지키려면 실마리를 찾아라
실마리는 연결고리를 만들어준다
SNS가 실마리를 제공한다
언제, 어디로 보내야 하는가

3장 관계를 이어주는 손편지 기술 1

당신을 기억하고 있다는 안부편지   86
'당신을 기억하고 있다'는 징표
안부편지는 잠든 추억을 깨우는 것
SNS에서 찾은 실마리로 보낸 편지

한두 번 만난 사람에게 보내는 안부편지
안부를 전한 편지들

존재의 의미를 알려주는 감사편지　110
감사편지의 힘
존재의 의미를 알려주는 편지
별것 아닌 것도 감사하는 편지
감사를 전하는 편지들

삶 속에 작은 기쁨이 되는 축하편지　136
선물보다 값진 편지
의미를 부여하는 축하편지
축하에 의미를 부여하는 방법
특별하게 축하를 전하는 법
축하를 전하는 편지들
결혼을 축하하는 편지

행복감을 심어주는 칭찬편지　158
인생을 바꾼 칭찬 한 마디
그의 상사에게 보낸 칭찬편지
구체적으로 칭찬하는 법
칭찬을 전하는 편지들

4장 관계를 이어주는 손편지 기술 2

진심의 힘을 발휘하는 부탁편지　172
부탁편지의 힘
손편지로 보내는 제안서
진정성을 보이는 방법
부탁을 전하는 편지들

절망을 희망으로 바꾸는 응원편지　194
효능이 아닌 존재를 응원한다는 것
시한부 선배를 응원하다
토닥토닥을 전하는 방법
응원을 전하는 편지들
사진엽서로 전하는 응원편지

아픔을 나누어 갖는 위로편지　215
아픔을 기억한다는 것
아버지를 떠나보낸 선배에게 보낸 편지
아픔을 기억하는 방법들
위로를 전하는 편지들

5장 나만의 손편지 스타일 만들기

손편지를 쓰기 전에 버려야 할 것들 232
글씨체에 대한 두려움
멋진 문장에 대한 집착

손편지에도 원칙이 필요하다 236
편지쓰기 원칙 정하기
나에게 맞는 스타일 찾기

호칭을 정하는 방법 240
호칭은 둘 사이의 관계를 보여준다
누구나 좋아하는 이름이 있다

의미를 부여하는 손편지 재료 선택법 244
편지지와 엽서
편지지와 펜의 궁합
우표와 우체통

손편지로 영업하지 말자 249
고수들의 비법
답장에 대한 오해

부록 253
필요할 때 찾아보는 손편지 예문

1장
손편지로 관계를 바꾸다

 # 왜 손편지인가?

사람 글씨에 담긴 마음

며칠 전 대안학교에서 함께 일하는 최 선생님에게서 메시지가 왔다. 편지 봉투가 찍힌 사진이었다. 봉투에는 손으로 쓴 글씨와 함께 빨간색 도장이 하나 찍혀 있었다.

최 선생님은 제자가 보낸 편지라며 내게 자랑을 했다. 그런데 뭔가 이상했다. 보내는 사람 이름을 적는 쪽에 선생님 이름이 있고, 받는 사람 이름을 적는 쪽에 제자의 이름이 있었던 것이다. 제자가 보낸 편지라면, 서로의 이름 위치가 바뀌어 있어야 했다. 그리고 봉투에 찍힌 빨간색 도장도 이상했다. 그건 우체국에서 반송할 때 찍는 도장이었기 때문이다.

나는 조심스럽게 최 선생님께 혹시 반송된 편지가 아닌지 물었다. 잠시 후 최 선생님은 내게 "내가 미쳤나 봐요"라는 문자를 보냈고 그 편지가 반송된 편지임을 인정했다. 손편지를 받았다는 기쁨이 그녀의 눈을 멀게 했던 것이다.

최 선생님이 반송된 편지를 보고 기뻐하는 모습을 보면서 문득 오

래 전의 내 모습이 떠올랐다. 내게도 반송된 편지의 추억이 있기 때문이다.

　한창 손편지 강의를 하면서 사람들에게 편지를 보낼 때였다. 하루에 수십 통의 편지를 보냈지만 아무도 답장을 하지 않던 날들이었다. 그런데 어느 날, 드디어 우리 집 우편함에도 손글씨가 적힌 봉투가 들어 있었다.

　나는 손글씨를 보는 순간, 가슴이 뛰기 시작했다. 누가 보낸 편지일까? 편지를 보냈을 모든 사람들의 얼굴을 떠올리며 조심스럽게 우편함으로 손을 뻗었다. 그 순간 낯익은 글씨가 눈에 들어왔다. 바로 내가 쓴 글씨였다. 봉투에는 반송을 알리는 빨간색 도장이 찍혀 있었고, 거기에는 '주소불명'이라는 글씨가 새겨져 있었다.

그날 이후, 내겐 우편함을 확인하면서 긴장하는 버릇이 생겼다. 손글씨가 있는 봉투에 또 빨간색 도장이 찍혀 있지 않을까 두려웠기 때문이다. 그 후로 두어 번의 반송편지를 더 받았지만, 처음으로 빨간색 도장을 받았던 그날만큼 충격적이지는 않았다.

최 선생님과 내가 우편함에서 손글씨를 보고 기뻐했던 이유는 그 글씨 안에 누군가의 마음이 녹아들어 있다고 생각했기 때문이다. 적어도 편지 봉투에 자신의 글씨를 쓰는 사람이라면, 편지지에도 손글씨가 있으리라는 기대감, 그것이 나를 설레게 했던 것이다.

편지 봉투의 겉면에 수신인과 발신인의 이름이 문서 형태로 인쇄된 봉투 속에는 누군가의 '마음'이 녹아들어 있기 힘들다. 대개 인쇄된 봉투 속에는 사람의 '마음'보다는 '거래'를 요구하는 기업의 '명령'이 들어 있을 확률이 높다. 카드대금을 결제하라거나 통신요금을 납부하라는 명령 말이다.

그래서 인쇄된 활자 속에서 손글씨를 발견하면 깜짝 놀란다. 수많은 우편물 속에서 가장 먼저 그 편지를 열어 보고, 손글씨가 빼곡히 들어찬 편지를 읽으면서 감동하게 된다. 그리고 받은 손편지를 찍어 SNS에 올린다. 내게도 '손편지가 왔다'고 말이다.

SNS에 손편지 사진을 올리는 사람들을 보면서 나는 좀 궁금했다. 우편함 속에서 손편지를 발견했을 때 사람들은 어떤 느낌에 사로잡힐까? 모두가 그렇게 감동을 받고, 누군가에게 자랑하고 싶어질까?

나는 손편지를 받았을 때의 첫 느낌을 알아보기 위해서 SNS에 이런 질문을 올렸다.

 윤성희

"저의 손편지를 한 번이라도 받았던 분들께 묻습니다.
손편지를 받았을 때 느낌이 어땠나요?"

좋아요 · 공유하기 · 댓글달기   7

Oh!!!!!! My God....!!!!
좋아요 · 방금 전

 이런 느낌 처음이었어요! 특별한 선물을 받는 느낌이었거든요.
좋아요 · 1시간 전

 손편지는 제대로 대접받는 상차림이랄까? 나를 위해 한 자 한 자 마음을 담아 정성스럽게 썼다는 게 느껴져요.
좋아요 · 1시간 전

 얼굴을 마주하고 차 마시는 기분이요. 메일이나 메신저는 컴퓨터나 휴대폰하고 말하는 느낌이거든요. 목소리 음성 지원은 보너스!
좋아요 · 1시간 전

 넘쳐나는 지로용지와 청구서, 광고, 홍보성 전단지 속에 예쁜 색깔의 편지봉투와 손글씨! 깨알 같은 글씨 안에서 느껴지는 발신인의 감성과 토닥거리는 위로! 어쩌면 스팸 문자 속에서 기다리던 문자보다도 더 반갑고 정겨운 느낌인 듯해요. 아날로그 감성도 느껴지고, 우표에 감동받았어요.
좋아요 · 1시간 전

 손편지를 딱 받았을 때 설렜어요. 나에게 어떤 마음을 적어 보냈을까 하는 기대감, 보내는 사람이 나를 생각하고 있다는 기쁨과 고마움도 느꼈고요. 손편지는 메일과 다르게 썼다 지우기가 쉽지 않으니 '마음을 많이 정리하며 편지를 썼겠구나' 하는 생각도 들고 그 글씨 안에 담긴 감정들도 읽히죠. 손편지는 항상 반가워요.
좋아요 · 2시간 전

글을 올리자마자 순식간에 댓글이 달렸고 손편지에 대한 반응은 뜨거웠다. 사람들은 내가 생각하는 것보다 훨씬 더 많이 손편지를 좋아하고 있었다. 나는 그들이 적어준 댓글을 읽으며 확신했다. 세상의 모든 사람들이 손편지를 좋아한다고 말이다.

손편지를 받는다는 것은 SNS에 인증샷을 올리고 싶을 만큼 기분 좋은 일이며, 누군가에게 자랑하고 싶은 일이다. 모든 사람들이 손편지를 받았다고 호들갑을 떨지는 않았지만, 손편지를 받은 사람들은 소리치고 있었다. "내게 사람이 쓴 편지가 왔다"고 말이다.

연예인들이 손편지를 쓰는 이유

손편지는 닫힌 마음을 여는 마법의 열쇠이다. 손으로 꾹꾹 눌러 쓴 편지 한 통은 값비싼 선물보다도 더 사람의 마음을 열어주는 특별한 열쇠가 된다. 손편지가 마법의 열쇠라는 것을 가장 잘 아는 사람이 바로 연예인이다. 그들은 중요한 발표를 해야 할 때 손편지를 이용한다.

배우 출신 부부인 이보영과 지성은 결혼소식을 손편지로 발표해 화제를 모았고, 가수 박지윤은 새로운 앨범을 출시하면서 손편지 형태의 티저 영상을 공개하기도 했다. 또한 연예인들은 팬들에게 새해 인사나 감사 인사를 전할 때 손편지를 활용하기도 한다. 배우 한효주와 손호준, 그리고 가수 엠블랙의 이준 등은 손편지를 이용해 팬들에게 새해 인사를 전했다. 남성그룹 더블에이는 자신들의 컴백 무대를 보러 온 팬들에게 직접 쓴 손편지를 전달했으며, 배우 김태희도 선물과 손편지를 전해준 팬들에게 자신이 쓴 손편지로 화답했다. 가수 god의 박준형은 새롭게 발표한 노래 「미운오리 새끼」가 음악 순의 차트 1위에 오르자 팬들에게 손편지를 썼다.

그렇다면 연예인들은 왜 손편지를 쓰는 걸까?
손편지는 많은 정성이 들어가는 일이다. 컴퓨터 앞에 앉아서 휘리릭 자판을 두드리는 것과는 그 차원이 다르다. 손편지를 쓰려면 우선 편지지를 구해야 하고 펜을 들어야 하며, 글자 한 자 한 자 힘을 들여 글씨를 써야 한다.

또한 손편지에는 받는 사람을 생각하고 있다는 느낌이 들어 있다. 편지지를 구하고 편지를 쓰고, 편지를 우체통에 넣는 동안 '당신을 생각하고 있습니다'라는 의미가 새겨진다. 손편지를 받는 사람 역시 보내는 이의 그런 마음을 느낀다. 그래서 글씨가 이상하든 맞춤법이 틀렸든 상관하지 않는다. 실제로 god 박준형의 편지에는 삐뚤빼뚤한 글씨에 맞춤법이 틀린 단어가 많았다. 그럼에도 불구하고 팬들이 그의 편지에 환호하는 이유는 정성껏 써 내려간 편지 안에서 그의 '진심'을 발견했기 때문이다.

연예인들만 손편지를 쓰는 것은 아니다. 영화 「백야행」에 출연했던 한석규는 처음에는 시나리오를 받았지만 자기 옷이 아니라는 생각에 영화사의 캐스팅 제의를 거절했다가, 박신우 감독이 보낸 장문의 편지를 받고 영화에 출연하기로 마음을 바꾸었다고 한다.

또한 1천만 관객을 모아 흥행에 크게 성공한 「도둑들」의 최동훈 감독은 중국배우 임달화를 섭외하기 위해 시나리오와 손편지를 함께 보냈다. 최 감독은 손편지에, 임달화를 어렸을 때부터 좋아했으며 세월을 잘 이겨낸 당신과 함께 작업을 하고 싶다는 마음을 적었다. 그 후 임달화는 최동훈 감독이 보낸 편지에 흔쾌히 영화 출연을 결정했고 중국 도둑 '첸'역을 맡았다.

영화 「공모자들」의 김홍선 감독도 배우들에게 손편지를 보냈다. 그는 자신이 캐스팅한 이유와 캐릭터에 대한 설명 등을 손편지에 적어 배우들에게 보냈다고 한다.

이렇게 손편지가 출연을 고사했던 배우들의 마음을 흔들어 놓은 것은 단 한 가지 이유 때문이다. 바로 그 안에 보내는 사람의 '진심'이 담겨 있다는 것이다. 팬들이 연예인의 손편지에서 진실된 마음을 읽어내듯, 배우들도 감독들이 보내는 손편지에서 그 사람이 전하는 진심을 읽는 것이다. 다양한 모습으로 사람의 마음을 표현하는 연예인들, 그들은 손편지가 진심을 전하는 최고의 도구라는 것을 완벽하게 알고 있다.

SNS는 소통의 도구인가?

21세기는 소통의 시대다. 휴대폰 하나면 언제 어디서든 원하는 상대와 소통할 수 있다. 그런데 아이러니하게도 소통의 도구가 발달하면 할수록 사람들은 더 깊은 고립감을 느끼며 외로워한다. 시시때때로 SNS를 보면서 '좋아요' 버튼을 누르거나 '리트윗'을 해도 채워지지 않는 부분이 있다는 걸 느낀다. 나 또한 SNS를 하면서 그런 감정을 느낄 때가 많다.

손편지를 자주 쓰는 나도 SNS를 좋아한다. 트위터와 페이스북의 계정도 있고, 문자나 스마트폰 메신저도 자주 주고받는 편이다. 손편지로 아날로그 감성을 전하고 있긴 하지만 나 또한 디지털 시대를 살고 있는 '현대인'이다. 그래서 페이스북에 그때그때 떠오르는 단상을 적기도 하고, 지인들을 위해 근황을 남기기도 한다.

나는 지인들의 소식이 담긴 타임라인도 열심히 읽는 편이다. 덕분에 직접 얼굴을 마주하지 않아도 지인들이 어떻게 살고 있는지를 잘 알 수 있다. 그들이 아침에 왜 지각을 했고, 점심은 무얼 먹었으며, 저녁에는 누구를 만나 무엇을 했는지를 말이다. 그런데 그런 사진들로 내가 그들을 잘 안다고 말할 수 있을까? 언젠가 인사이트 라이프에 올라온 페이스북 관련 기사를 읽으며 깨달았다. 어쩌면 내가 보는 그들의 모습은 겉모습일지도 모른다고.

미국에 사는 칼럼니스트 나우린 나즈미(Nowreen Nazmi)는 페이스북을 하면 할수록 오히려 소외감을 느꼈다고 했다. 그래서 그녀는 페이스북을 사용하는 사람들을 나름대로 분석했다. 그랬더니 7가지의 허세 유형으로 나눌 수 있었다.

① 닭살커플 ② 해외여행 자랑 ③ 돈 자랑 ④ 일중독자
⑤ 육아일기 ⑥ 음식사진 ⑦ 파티중독

나는 이 기사를 읽으면서 고개를 끄덕였다. 나의 페이스북 타임라인에도 7가지 유형들의 사진과 글이 올라오기 때문이다.

요즘은 조금 덜한 편이지만, 한동안은 음식 사진이 타임라인을 도배한 적이 있었다. 사람들은 너 나 할 것 없이 점심이나 저녁에 먹은 그럴듯한 음식들을 찍어 올렸다. 사람들이 올린 이태리 레스토랑의 값비

싼 파스타와 형형색색의 초밥 사진은 3첩 반상 앞에 앉은 나를 초라하게 만들었다. 그래도 음식 사진은 참을 만했다. 페이스북 타임라인에 올라오는 사진들 중에서 특히 나를 못 견디게 한 것은 여행지에서 찍은 사진들이었다.

아이를 낳고 나 홀로 떠나는 여행이 '언감생심'이 되어버린 내게, 싱글인 선배나 후배들이 혼자서 해외에서 찍은 사진은 마치 형벌과도 같았다. 그러지 않으려고 해도 자꾸만 그들의 삶과 나의 모습이 비교되곤 했다. 그런데 재밌는 것은 속으로는 내 모습이 초라해보였을지언정 겉으로는 전혀 티를 내지 않았다는 것이다.

페이스북 친구들이 음식 사진과 여행 사진으로 나를 괴롭힐 때, 나는 '이달에 읽은 책'이라는 제목으로, 책 스무 권을 쌓아올린 사진을 올렸다. '해외여행 자랑'과 '음식 사진'으로 허세를 떠는 사람들에게 나는 '일 중독자' 코스프레로 맞섰던 것이다. 그러나 즐겁지 않았다. 내가 읽은 스무 권의 책보다 후배가 찍은 스페인 여행사진이 더 의미 있어 보였고, 이태리 레스토랑에서 맛있는 파스타를 먹는 선배가 부러웠다. 남의 손에 쥐어진 떡이 더 커보였던 것이다.

SNS로 소통을 한다고 생각했지만, 어느새 나는 글을 올리면서 사람들을 의식했다. 어떤 때는 내 마음을 알아주길 바랐지만, 어떤 때는 마음을 들키는 게 싫어서 나를 꾸며대기도 했다. 마음은 외롭고 슬퍼도 다른 이들에게는 행복하게 보이고 싶을 때가 많았다. 절대로 SNS에서는 약해보이기 싫었다. 그런데 나는 왜 이런 약한 마음을 SNS에 털어놓지 못하는 걸까?

손편지와 SNS의 차이점

이상했다. 따지고 보면 SNS도 소통의 도구이고 손편지도 소통의 도구인데, 왜 손편지를 쓸 때와 SNS에 글을 올릴 때의 마음가짐이 다른 걸까? 나는 그 궁금증을 해결하기 위해서 사람들에게 SNS와 손편지의 차이점을 물었다. 그 차이를 알고 나면 이유가 명확해질 것 같았기 때문이다.

내가 페이스북에 글을 올리자 페이스북 친구들은 친절하게 댓글을 달아주었다. 그들이 말한 SNS와 손편지의 차이점은 다양했다. 그중에 가장 기억에 남는 의견은 '수고로움이 다르다'는 것이었다. 손편지는 최소한 종이를 펼쳐 놓고 쓸 수 있는 공간을 찾아야 되는 '수고로움'이 있지만, SNS는 아무 곳에서나 할 수 있기 때문에 그런 수고로움이 들지 않는다는 것이다. 또한 손편지는 같은 메시지를 보낸다고 해도 더 많이 생각하고 쓰게 되지만, SNS는 쉽게 즉흥적으로 쓸 수 있어 '생각의 수고로움'이 다르다고 했다. 사람들은 손편지와 SNS가 마음을 담는 크기가 다르다고 느끼고 있었다.

사람들의 의견을 종합해본 결과, SNS란 일단 쉽고 편리한 것이었다. 내 의견을 즉각적으로 제시할 수 있고, 한꺼번에 많은 사람들에게 소식을 전할 수 있는 매개체였다. 그래서 짧은 시간 안에 많은 정보를 확보할 수 있고, 신속하게 접근할 수 있는 정보들을 통해 내가 미처 알지 못했던 사실들을 알 수 있다는 장점도 있었다. 그러나 그런 이점이 있는 반면에 신뢰성은 떨어진다고 생각했다. 쉽게 작성되고 쉽게 사라지는 글의 특성과 글쓴이를 명확하게 알 수 없다는 익명성 때문에, 글

윤성희

"SNS와 손편지의 차이점은 무엇일까요?"

좋아요 · 공유하기 · 댓글달기   9

 Public vs Personal, 1:다수 vs 1:1, 단문 vs 장문, 디지털 vs 아날로그, 이성 vs 감성, 실시간 vs 기다림 그리고 정성과 감동
좋아요 · 방금 전

 방송 대 전화. SNS는 누가 보거나 말거나 내 말만 하는 것 같고, 전화는 내가 말하고 싶은 사람과 속 깊은 대화를 하는 것 같죠.
좋아요 · 방금 전

 쓰는 사람을 위한 글과 받는 사람을 위한 글의 차이

좋아요 · 방금 전

 여러 사람이 보는 글과 한 사람에게만 보내는 글의 차이? 범위는 SNS, 깊이는 손편지
좋아요 · 방금 전

 손편지는 정말 한 사람을 위한 마음으로 쓰는 거잖아요. SNS에 올리는 글은 불특정 다수를 향한 혼잣말인 경우가 많고요. SNS에서 친구 한 명에게 안부글 정도 쓴다고 해도 그건 손편지와 느낌이 완전 달라요.
좋아요 · 방금 전

 SNS는 약간 경솔할 수 있는 것 같아요. 쓰기 편하니까요. 그에 반해 손편지는 좀 더 신중하게 써내려 가죠. 그리고 손편지는 둘만의 교감이니까 좀 더 솔직할 수 있다고 생각해요.
좋아요 · 방금 전

 SNS는 분장이지만, 손편지는 쌩얼입니다.

좋아요 · 방금 전

 손편지를 받으면 SNS에 인증샷을 올리죠. 손편지는 그만큼 가치가 있다는 거죠.
좋아요 · 방금 전

을 완전히 신뢰하기는 힘들다는 것이다. 그래서 SNS가 장점들을 많이 가지고 있어도, 개인적인 이야기를 깊이 있게 나누기는 쉽지 않다고 생각했다.

소통이란, '두 사람 이상의 의견이 서로 잘 통한다'는 뜻이다. 이런 사전적인 정의로 보면 SNS를 통해서도 소통이 충분히 가능하다. 누군가 글을 올리면 많은 사람들이 댓글을 달고 '좋아요' 버튼을 누르거나, 리트윗을 하며 의견도 주고받는다. 그것도 나름의 소통이다. 그러나 분명한 것은 SNS는 사람들과 진실된 마음을 주고받기에 한계가 있다는 것이다. 마음 깊숙이 담아둔 진심을 전하기 위해서는 조금 더 많은 시간과 조금 더 정성스런 노력이 필요하기 때문이다.

나는 사람들이 '진심으로 마음을 주고받을 때' 허세의 늪과 외로움의 늪에서 빠져나올 수 있다고 믿는다. 그래서 마음을 전하는 도구로 손편지를 선택했다. 손으로 편지를 쓰고 손편지를 주고받으면 마음이 열리는 소리를 들을 수 있기 때문이다.

손으로 편지를 쓰다 보면 마음이 흘러가는 대로 글을 쓸 수밖에 없다. 아무리 머릿속으로 계산된 글을 쓰려고 해드 펜은 머리가 아닌 가슴에서 나오는 말들을 받아 적기 때문이다. 컴퓨터의 자판을 두드리는 것처럼 빠르게 쓸 수도 없고, 마음에 들지 않는다고 삭제 버튼을 누르듯 금방 지울 수도 없다. 손편지는 종이를 펼치고 펜을 잡은 이상 마음이 흘러가는 대로 놔둘 수밖에 없는 것이다.

마음의 소리를 받아 적은 편지는 닫혀 있던 마음의 문을 '달칵!' 하고 열어 준다. 그리고 편지가 한 번 열어 놓은 마음은 쉽게 닫히지 않는다. 언제든 내가 원할 때 수시로 드나들 수 있고, 상대방도 내 마음속으로 언제든 들어올 수 있게 된다. 편지 한 통으로 진짜 소통이 시작되는 것이다.

편지는 '내가 당신을 기억하고 있다'는 것을 알리는 최고의 도구이고 허세가 아닌 나의 진짜 마음이며 고맙게도 그 진심은 감동으로 전해진다. 손편지를 한 번이라도 받아 본 사람은 알 것이다. 종이 위에 꾹꾹 눌러 쓴 글씨들이 얼마나 큰 감동으로 다가오는지를 말이다. 그리고 이 넓고 넓은 세상에 나를 기억해 주는 사람이 있다는 사실이 얼마나 큰 힘이 되는가도 느낄 수 있을 것이다.

손편지로 기존 관계 다지기

소원했던 관계 다지기

우리는 살면서 수많은 사람을 만난다. 어떤 사람은 그냥 스쳐지나가듯 잊혀지고, 어떤 사람은 오랫동안 인연이 되어 마음을 주고받기도 한다. 그러나 우리가 기억해야 할 것은 그들과 처음 만났을 때 '관계의 끈'을 나누어 쥐었다는 사실이다. '관계의 끈'은 새로운 사람을 만날 때마다 우리의 손에 쥐어진다. 끈의 한 쪽은 나의 손에, 다른 한 쪽은 상대방의 손으로 들어간다. 그런데 이 끈은 눈에 보이는 것이 아니다. 심지어 끈의 길이도, 팽팽한 정도도, 모두 다르다. 이 끈은 쥐고 있는 사람들이 서로 관심을 갖고 있을 때 팽팽하게 조여지며, 서로에게 소홀하거나 연락이 뜸해지면 그 힘을 잃는다. 나도 모르는 사이에 끈이 느슨해져 버리기 때문이다.

나는 가끔 손에 쥐어진 관계의 끈들을 살펴본다. 어떤 끈이 느슨해지고 있는지 찾아보고, 마음의 거리를 좁혀보기 위해서다. 만약 나도 모르게 느슨해진 끈이 있다면 곧바로 잡아당기려고 노력한다. 끈을 영영 놓칠지도 모른다는 생각, 그것이 나로 하여금 끈을 잡아당기게 만드는 것이다. 어느 해 봄에 나는 영영 놓칠 뻔했던 끈 하나를 힘차게 잡아당겼다.

고등학교를 졸업하고 20년 만에 동창회가 열렸다. 17세 소녀였던 아이들이 40대의 아줌마가 되어 만나는 날이었다. 몇몇 친구들은 졸업 후에도 연락을 하며 지냈지만, 많은 친구들이 서로의 소식을 모른 채 살았다. 함께 졸업한 친구들은 모두 420여 명이었는데, 내겐 소식이 궁금한 친구들이 몇 명 있었다. 그중 중학교 동창이었던 영덕이는 늘 궁금한 친구였다.

    영덕이는 나와 함께 고개를 넘어 학교에 다니던 친구였다. 학교와 집은 그리 멀지 않았다. 그런데 걸어가려면 급경사가 있는 고개를 넘어야 했고, 버스를 타면 시간이 오래 걸렸다. 평상시에는 버스를 타고 빙빙 돌아 학교에 가곤 했지만, 늦잠을 자거나 학교에 빨리 가야 하는 날에는 그 고개를 넘곤 했다.

    영덕이와 나는 고갯길을 넘으며 많은 이야기를 했다. 중학교 때 이야기, 자격증 이야기, 선생님들 이야기…. 영덕이는 상대방을 배려하는 마음을 가진 친구였으며 언제나 내 이야기에 귀를 기울여 주었고, 항상 밝게 웃었다. 나는 학교에 다니는 동안 영덕이가 화를 내는 것을 단 한 번도 본 적이 없었다.

    영덕이는 고등학교를 졸업하고 무역회사에 취직을 했다. 나도 곧 회사에 입사를 하게 되었고, 서로 직장생활을 하느라 연락이 끊겼다. 그렇게 20여 년의 세월이 흘렀다. 가끔 우리가 함께 걸었던 고개를 지날 때마다 나는 그 친구가 궁금했다. 그러다 동창회에서 그녀를 만났다.

　그녀는 하나도 변한 게 없었다. 날씬했던 몸매와 환하게 웃는 모습, 동그랗고 커다란 눈도 모두 그대로였다. 다른 게 있다면 분홍색 교복 대신 정장을 입었다는 것뿐이었다. 나는 영덕이와 많은 이야기를 나누고 싶었지만, 사정이 여의치 않았다. 그날 행사의 사회를 맡아 진행하느라 자리를 비울 수 없었기 때문이다.

　쉬는 시간에 잠깐 인사를 나눈 영덕이가 내게 명함을 건네주었다. 20년 전에 입사했던 그 회사의 명함이었다. 졸업 후부터 지금까지 20년 동안 한 회사를 다니다니! 지난 20년간 수없이 많은 회사를 옮긴 나로서는 상상할 수도 없는 일이었다.

　나는 집으로 돌아와 그녀에게 편지를 썼다.

영덕아!
학교 다닐 때 내가 너에게 편지를 쓴 적이 있던가?
잘 기억나진 않지만, 그때도 편지쓰기를 즐겨했으니
언젠가 한 번은 쓰지 않았을까 싶다.
20년 만에 만났는데도 너는 여전하더라.
하나도 안 변했어.
그 모습과 상대방을 배려하는 예쁜 마음!
목소리도 그때나 지금이나 변함없더라.
그날, 정말 반가웠어.
분홍색 교복 입고 그 고갯길을 넘어 다니던 시절에도
넌 참 좋은 친구였는데,
졸업하고 연락 끊겨서 궁금했어.
그래서 다시 만난 게 정말 좋았단다.
널 닮은, 그러나 더 예쁜! 딸들과
잘 살고 있는 것 같아 좋아 보여.
20년 동안 한 회사를 다니는 그 저력, 대단해!
지금은 잠시 회사가 힘들지 몰라도
인재를 알아보고 20년간 함께한 회사니까
잘 견디고 이겨내리라 믿는다.
세상에 봄이 찾아온 것처럼
네 마음에도 봄이 활짝 피어나길 기도할게.

나는 이 편지가 영덕이와 나의 우정을 되찾아 주길 바랐다. 그리고 이 편지를 통해 그녀가 잠깐이라도 웃을 수 있다면 좋겠다고 생각했다. 며칠 후, 그녀에게 연락이 왔다. 내가 보낸 편지가 굉장히 좋아서 열 번도 더 넘게 읽었다는 내용이었다.

영영 놓칠 뻔했던 끈 하나를 힘차게 당긴 손편지

뜻밖의 소중한 선물, 너무 고마워서 하루 종일 일하다 말고 열 번도 넘게 읽고 또 읽었어. 그렇게 내 마음의 봄 같은 편지 한 장이 벚꽃보다 더 예쁜 꽃으로 피었던 어제였음! 고맙다 친구야♥

그녀의 메시지를 읽으면서 느슨해져서 감각조차 없었던 인연의 끈이 다시 팽팽해지는 느낌을 받았다.

그로부터 얼마 후, 영덕이는 내게 긴 편지를 보내왔다. 편지에는 그간의 일들이 적혀 있었고, 길었던 회사 생활에 마침표를 찍는다는 내용도 함께 있었다. 그녀는 이제 새롭게 시작하는 제2의 인생을 응원해 달라는 말로 내가 내민 손을 꼭 잡아 주었다.

나는 그녀에게 다시 엽서 한 장을 보냈다. 20년 동안 같은 직장에서 생활을 했으니, 이제는 다른 곳에서 아침 시간을 보내는 특별함을 경험해 보라고 말이다. 그리고 어느 특별한 아침에 만나 함께 모닝커피를 마시자는 제안을 남겼다. 어느 햇살 좋은 아침, 그녀와 마주 앉아 살아가는 이야기를 나눌 수 있다면 얼마나 좋을까? 그런 시간이 허락된다면 그녀를 만나고 돌아와 나는 또 한 통의 편지를 쓸 것이다. 서로가 쥐고 있는 관계의 끈을 놓지 말자고 말이다.

이렇듯 손편지는 멀어진 관계를 다시 되돌려 주기도 하고 학창 시절의 친구들과 새롭게 우정을 맺을 수 있게 도와주기도 하며 한 때는 친했지만 서로의 삶을 사느라 소원해진 사람들과 마음을 이어주는 다리가 되기도 한다. 조금은 쑥스럽지만 종이 위에 글씨를 눌러쓰는 용기를 내면 다시 누군가의 마음속에 사는 일이 쉬워진다. 어쩌면 손편지는 누군가의 가슴에 내가 살 집을 만들어 주는 건축가일지도 모른다.

손편지로 관계를 일으켜 세운 기업들

손편지가 갖는 가장 큰 힘은 '관계를 이어 준다'는 것이다. 서로가 놓친 관계의 끈을 되찾아 주기도 하고, 느슨했던 끈을 다시 팽팽하게 조여 주기도 하며 끈을 더욱 튼튼하게 만들기도 한다.

앤디 워홀의 수프 통조림 그림으로 유명한 캠벨 스프 컴퍼니(Campbell Soup Company)는 미국의 대표적인 식품 기업이다. 1869년에 설립되었으니 140년을 훌쩍 뛰어넘는 역사를 가지고 있다. 캠벨은 1년 매출이 수십 억 달러에 달하는 탄탄한 기업이다. 그러나 그 기업이 140여 년 동안 꾸준히 최고의 자리를 지켜온 것은 아니었다.

매일경제신문의 보도(2012. 11. 23)에 따르면 2001년 캠벨사는 갤럽 조사에서 직원의 업무 몰입도가 최하위를 기록했다. 캠벨사의 직원 3명 중 1명은 '적극적인 업무태만자'였다. 그들은 대놓고 게으름을 피우며 빈둥댔다. 그렇다고 나머지 2명이 모두 열심히 일을 하는 것도 아니었다. 그들 또한 마지못해 일을 하는 척했을 뿐이다. 상황이 이렇다 보니 회사의 상태는 엉망이었다. 주가는 계속 떨어졌고, 제품은 창고에 쌓여만 갔다. 그러나 더글러스 코넌트가 최고경영자(CEO) 자리에 오르면서 상황은 급반전되었다.

더글러스 코넌트가 CEO로 취임하고 2년이 지났을 때, 캠벨사 직원들의 업무 몰입도는 3대 1에서 4대 1로 올라갔다. 그 수는 점점 증가하여 2006년에는 6대 1을 기록했고, 2007년에는 9대 1로 솟구쳤다. 급기야 2010년에는 17대 1이라는 엄청난 기록을 남기기도 했다. 이는 세계 최고 수준 기업 몰입도의 두 배에 가까운 수치였다. 2년 사이에 캠벨의 업무 분위기가 확 달라진 것이다. 캠벨의 이런 변화는 바로 더글러스 코넌트의 손끝에서 시작되었다. 그는 회사를 살리기 위해 매일 직원들에게 손편지를 썼다. 일을 잘한 직원에게 손으로 직접 쓴 칭찬편지를 보낸 것이다. 그는 매일 10통에서 20통의 편지를 써서 직원들에게 전달했다. 코넌트가 캠벨사에서 근무했던 10년 동안 직원들에게 쓴 손편지는 무려 3만 통에 달했다.

내가 다니는 회사의 사장이 날마다 직원들을 칭찬하는 편지를 써서 준다고 생각해 보자. 나도 언젠가 그의 편지를 받고 싶다고 생각하지 않을까? 당연히 나를 비롯한 직원들의 업무 몰입도는 높아질 것이다. 회사 CEO의 편지는 친구들과 추억을 나누는 안부편지가 아니다. 그것은 그가 나를 인정하고 있다는 뜻이고, 내가 이 회사에 필요하다는 의미다. 내 존재를 인정받는 것, 그것만큼 기분 좋은 일이 또 있을까.

손편지가 미국의 CEO와 직원들을 연결해 주었다면, 한국에서는 기업과 고객들을 연결해 주었다.

2012년 11월 19일 서울 삼성동에서 '던파페스티벌'이 열렸다. 행사장에는 1만여 명이 몰렸다. 그러나 행사장은 8천 명밖에 수용할 수 없는 곳이었다. 주최 측인 넥슨코리아는 2천여 명의 고객을 그냥 되돌려 보내야 했다. 당연히 고객들은 불만을 터뜨렸고 넥슨코리아는 뭔가 특별한 조치가 필요했다. 그래서 행사에 참여하지 못하고 되돌아가는 고객들에게 경품을 제공하기로 결정했다. 그리고 행사를 마친 다음날, 행사에 참여하지 못했던 고객들에게 전화를 걸어 경품을 지급한다는 사실을 알렸다.

고객들은 집으로 배달 올 넥슨코리아의 경품을 기다리고 있었다. 그런데 뜻밖의 일이 벌어졌다. 경품과 함께 손편지 한 장이 배달된 것이다. 고객들이 받은 손편지는 게임을 개발하는 개발자들이 직접 쓴 사과편지였다. 게임을 만드는 개발자들이 2천여 명의 고객들에게 일일이 사과편지를 쓴 것이다.

편지를 받은 고객들의 반응은 그야말로 엄청났다. 페스티벌에 참여하지 못해서 안타깝고 속상했는데, 경품과 손편지 덕분에 위로를 받았다며 SNS와 블로그에 손편지 인증샷을 올렸다.

넥슨코리아는 고객들이 놓아버릴 수 있었던 '관계의 끈'을 세게 잡아당겼다. 뿐만 아니라 손편지에 진심을 실어 토내 그 끈을 더 견고하게 만들었다. 넥슨코리아의 진심을 받은 고객들은 그들과 나눠 쥔 끈을 결코 놓지 않을 것이다.

자녀들과 관계를 회복한 부모들의 편지

한때 엄마들 사이에서 '도시락편지'가 유행한 적이 있다. 소설가 조양희 씨가 자녀들에게 도시락과 함께 써준 쪽지편지를 책으로 엮은 다음이었다. 사랑 표현에 서툴렀던 엄마들이 그 책을 보고 너 나 할 것 없이 도시락 속에 쪽지를 넣기 시작했다. 책이 나온 이후 도시락과 쪽지는 엄마와 아이들을 소통하게 하는 매개체가 되었다.

도시락편지는 학교에서 일괄적으로 급식을 하면서 사라졌다. 대신 엄마들은 스마트폰 메신저와 문자를 이용한다. 그러나 엄마들은 알고 있을까? 아이들에게 엄마의 문자는 '관심'이 아닌 '간섭'이란 걸 말이다.

중학교에 다니는 은아는 엄마의 문자를 가장 싫어한다. 그 이유를 물었더니, 엄마의 문자에는 진심으로 자신을 생각하는 마음이 없다는 것이다. "어디야?"와 "뭐해?"가 반복되는 엄마의 문자를 보면, 자기를 감시하고 있다는 느낌이 들 뿐, 어떤 애정도 느낄 수 없다고 했다.

그런데 은아 엄마의 입장도 이해가 되지 않는 건 아니었다. 맞벌이로 일을 하다 보니 아이 얼굴을 제대로 볼 수가 없고, 애가 어디 있는지 확인을 해야 안심이 되기 때문에 어디에서 무얼 하는지 물어보지 않을 수가 없는 것이다.

나는 은아 엄마에게 다산 정약용과 인도의 초대 총리인 자와할랄 네루의 이야기를 해주었다. 그녀가 다산과 네루의 '서신교육'을 따라 해 보길 바랐기 때문이다.

다산은 유배지에서 18년이 넘는 세월을 보냈지만 자녀교육을 소홀히 하지 않았다. 그는 유배지에 있는 동안 자녀들과 1백여 통이 넘는 편지를 주고받았다. 그 당시 우편 시스템이 지금처럼 체계적이지 않았던 때라는 점을 감안하면 실로 대단한 일이다.

강진에서 유배생활을 하던 다산은 자녀들에게 성인(聖人)이 되라고 일렀다. '우리가 망한 집안의 후손이라 할지라도 노력하면 성인은 될 수 있지 않겠느냐'며 자녀들이 올곧게 자라기를 바랐던 것이다. 다산의 편지를 받은 자녀들은 아버지의 뜻을 저버리지 않았다. 아들 학연과 학유는 아버지가 편지로 전한 말을 가슴에 새겼고, 그 덕분에 문인으로서 이름을 남길 수 있었다.

인도의 초대 총리였던 네루는 3년 동안 감옥 생활을 하면서 딸에게 2백여 통의 편지를 썼다. 인도의 역사와 세계사를 딸에게 직접 가르쳐 주고 싶었기 때문이다. 어렸던 인디라 간디는 아버지의 편지를 통해 역사 공부를 할 수 있었고, 훗날 대학에서 역사학을 전공했다. 그리고 그녀는 1966년 인도 최초의 여성 총리가 되었다.

이야기를 듣던 은아 엄마가 손사래를 쳤다. 자기는 다산이나 네루처럼 해박한 지식을 갖고 있는 사람이 아니라는 것이다. 물론 나도 은아 엄마가 '교육적인 편지'를 쓰기는 바라지 않았다. 다만 "어디야?", "뭐해?"라는 말로는 은아의 마음을 열 수 없다는 걸 알려주고 싶었다. 그래서 은아와 엄마가 서로의 마음을 편지로 전하며 소통하기를 바랐던 것이다.

며칠 뒤, 나는 은아엄마에게 『포스트 잇 라이프』라는 책을 선물했다. 고등학생인 딸과 의사 엄마가 냉장고에 포스트잇을 붙이며 서로의 의견을 주고받는 내용을 담은 책이다.

나는 이 책을 통해서 의미 없어 보이는 문자보다, 은아가 집에 돌아왔을 때 냉장고에서 발견하는 짧은 쪽지가 더 훌륭한 소통의 도구가 된다는 것을 알려주고 싶었다. 그래서 은아 엄마에게 딱 일주일만 그 방법을 써보라고 했다. 그러면 은아가 먼저 그 쪽지를 찾아 집으로 달려오게 될 거라고 말이다.

1년 후, 냉장고 쪽지는 어느덧 은아네 집의 문화가 되었다. 서로 마음속에 담아두고 하지 못했던 이야기들을 작은 쪽지에 써 붙이고, 그걸 통해 소통을 하게 된 것이다. 물론 문자를 이용할 때도 있다. 그러나 이제 은아 엄마는 "어디야?", "뭐해?" 같은 문자는 보내지 않는다. 은아가 어디에서 무엇을 하든 자신의 딸로 부끄럽지 않게 행동할 것이라는 걸 믿게 되었기 때문이다.

학교의 급식이 도시락에 쪽지를 넣을 기회를 사라지게 했다면 나만의 방법으로 편지를 쓰면 된다. 은아 엄마처럼 냉장고에 쪽지를 붙여도 좋고, 그림을 그리거나 기도문을 써서 전해도 좋을 것이다. 화가 이중섭은 일본에 있는 자녀들에게 편지를 쓰면서 항상 그림도 함께 그렸다. 그것은 화가인 아빠가 아이들에게 보일 수 있는 최고의 관심이었다. 시인 주요한은 아이들이 중요한 날을 맞이할 때마다 '부모의 기도'를 적어서 건넸다. 가브리엘 힛터가 쓴 이 기도문은 부모가 아이들을 위해서 신에게 하는 기도로 채워져 있다. 주요한은 아이들에게 기도문을 건네며, 내가 이렇게 너희들을 위해 기도하고 있다는 것을 보여주고 싶었을 것이다. 동시에 아이가 신 앞에 부끄럽지 않은 사람으로 자랐으면 좋겠다는 바람도 함께 전했을 것이다.

내가 자녀라면 부모님이 내게 어떻게 말을 걸어오기를 바랄까? 그 방식대로 아이들에게 다가가 보자. 시대가 달라지고 아이들이 변했다고 하지만, 사람의 진심을 보고 감동하는 마음, 그것은 영원토록 변하지 않는 진리다.

 # 손편지로 새로운 관계 만들기

엘리베이터에 붙은 편지

언젠가 신문에서 '12층에 이사왔어요'라는 제목의 기사를 읽은 적이 있다. 한 아파트에 이사를 온 초등학생이 엘리베이터 안에 편지를 붙였다는 내용이었다. 그 편지에는 이사 온 가족들을 소개하는 내용이 글과 그림으로 꾸며져 있었다. 요즘은 옆집에 누가 사는지도 잘 모르는 세상인데, 이런 편지를 붙이다니! 그 꼬마가 기특했다.

그런데 나는 기사 옆에 있던 사진을 보고 깜짝 놀랐다. 그 아이가 붙여 놓은 그림편지 옆에 아파트 주민들이 답장을 가득히 붙여놓았기 때문이다. 그림편지 옆에 붙은 형형색색의 작은 메모들에는 '먼저 인사해 줘서 고맙다', '나는 301호 사는 아줌마야. 반가워!', '이사 온 걸 환영한다'는 글들이 적혀 있었다. 얼굴도 이름도 모르는 이웃에게 먼저 손을 내민 아이, 그리고 그 작은 손을 따뜻하게 잡아준 이웃들…. 그들의 편지를 보면서 아직 세상은 살 만한 곳이라고 생각했다.

아이를 키우다 보면 아이들의 기발한 생각에 놀랄 때가 종종 있다. 어른들처럼 계산하지 않고 순간순간 마음을 활짝 여는 아이들을 보며,

삶은 손익계산서가 아니라는 것을 배우곤 한다. 우리도 그 나이에는 그렇게 생각했다. 그런데 어른이 되면서 선입견을 갖게 되었고, 사람을 대할 때 가면을 쓰게 되었을 뿐이다. 어른들도 누군가 먼저 손을 내밀어 주면 가면을 벗고 원래의 모습을 보여준다. '12층에 이사 왔다'며 먼저 인사를 건넨 초등학생의 손을 맞잡아 준 것처럼 말이다.

월간 『엘에스토』(ELESTOR)의 시민기자 제민주 씨는 2014년 1월 엘리베이터에 종이 한 장을 붙였다. 같은 엘리베이터를 이용하지만 인사도 제대로 나누지 못하는 이웃들과 조금 더 친밀감을 공유하고 싶었기 때문이다. 그가 붙인 종이는 새해 덕담을 나눌 수 있는 종이였다. 같은 공간에 살고 있는 주민들에게 새해 덕담을 나누어 달라는 설명글과 살고 있는 호수와 덕담 내용을 적을 수 있는 종이를 붙인 것이다. 그가 종이를 붙일 때 한 아주머니가 함께 엘리베이터 안에 있었다. 아주머니는 편지의 내용을 보더니 펜을 꺼내 덕담을 적었다.

편지를 붙인 다음 날 저녁, 덕담 편지 종이에는 다섯 개의 새해 인사가 적혀 있었다. 다섯 명의 주민이 덕담나누기에 동참한 것이다. 덕담 내용도 다양했다. 같이 사는 오빠에게 '올해는 꼭 장가 가라'는 바람을 적었는가 하면, '시끄러운 우리 집을 참아 주고 계신 위층과 아래층 분들께 감사한다'는 내용도 있었다. 그가 엘리베이터 안에 덕담 편지를 붙여 놓았던 시간은 1주일. 편지지의 빈칸은 이웃들을 향한 서로의 덕담으로 빼곡히 채워졌다.

엘리베이터 안에 이런 편지를 붙이는 건 쉬운 일이 아니다. 그러나 누군가 조금 번거롭고 쑥스러운 일을 감수하자, 어색한 침묵으로 채워

지던 엘리베이터 안이 '마음을 주고받는 공간'으로 바뀐 것이다.

나는 모든 사람들의 마음이 '사람'을 향해 있다고 믿는다. 그래서 누군가 관계의 다리를 놓으면 망설이지 않고 건너게 될 것이라고 생각한다. 그러나 모두가 다리가 생기기만을 기다린다면 관계는 만들어지지 않는다. 누군가는 먼저 다리를 놓아야 한다. 12층에 이사 왔다고 편지를 붙인 아이, 아파트 주민들에게 새해 덕담을 나눌 수 있는 자리를 마련해 주려고 친척의 아파트를 제집 드나들 듯했던 제민주 씨처럼 말이다.

페이스북 친구에게 보낸 편지

손편지 쓰기 강의를 처음 기획할 때였다. 어떤 사람들을 타깃으로 강의를 해야 할까 고민하다가 영업하는 분들을 생각했다. 사람을 가장 많이 만나는 그룹이 그분들이라고 생각했기 때문이다. 나는 그들에게 편지쓰기에 관한 것들을 알려주기 위해서 책과 영화, 그림과 논문에 이르기까지 편지에 관한 자료들을 찾아보고 강의안을 준비했다. 그러나 그들의 삶을 면밀하게 들여다볼 방법이 없었다. 그때 친구가 '상승미소'라는 분의 페이스북을 알려주었다.

'상승미소'는 P사에서 근무하는 이명로LP(Life Planner)의 필명이었다. 나는 그의 페이스북을 관찰하기 시작했다. 친구로 등록은 했지만, '좋아요' 버튼을 클릭하거나 댓글을 달지는 않았다. 아직 그럴 만한 사이가 아니라고 생각했기 때문이다.

그런데 그의 페이스북은 좀 이상했다. 경제상황을 분석한 글들이 굉장히 많고, 직업과 관련된 이야기는 별로 없었다. 그리고 무엇보다 '사람'에 관한 이야기가 많았다. 그의 고객 중에 누군가 농사를 짓는 분이 계셨던 모양이다. 상승미소 님이 페이스북에 그분이 지은 옥수수를 판매하고 있다는 글이 올라오자 수많은 댓글들이 달렸다. 그런데 신기한 것은 그 농부를 모르는 사람들이 '이명로'라는 사람만을 믿고 농산품을 구입한다는 것이었다. 나도 옥수수를 구입했다. 그가 보증한다던 옥수수 맛은 정말 일품이었다.

어느 날 고객 중에 한 명이 급하게 헌혈증이 필요하다는 글이 올라왔다. 그 글을 읽은 페이스북 친구들이 여기저기서 헌혈증을 보내왔다. 그리고 그 속에는 손편지로 쓴 응원의 메시지도 함께 있었다.

　페이스북에 올라오는 글과 댓글들을 읽으면서, 나는 이분이 고객을 '돈벌이'가 아닌 '사람'으로 생각한다는 걸 알았다. 그때부터 그가 쓰는 글에 '좋아요' 버튼을 누르기 시작했다. 그러기를 1년 남짓, 어느 날 그가 ELP가 되었다는 글이 올라왔다. ELP(Executive Life Planner)는 계약자가 1,000명 이상이면서도 고객 불만 사항이 단 한 건도 없는 설계사를 뜻한다. 나는 이것이 얼마나 대단한 것인가를 알고 있었다. 보험 관련 공부를 하면서 읽었던 『가방은 손수건 위에』의 저자 가와다 오사무가 ELP였기 때문이다.

　얼굴을 본 적은 한 번도 없었지만, 나는 이명로LP에게 축하의 마음을 전하고 싶었다. 그래서 용기를 내어 편지를 썼다. 그동안 페이스북을 지켜보며 느꼈던 것들을 쓰다 보니 세 장의 편지지가 금세 채워졌다. 나는 편지와 함께 그분이 읽으면 좋을 만한 책 한 권을 선물로 보냈다.

　다음 날, 그에게 전화가 왔다. 보내준 편지를 읽고 너무나 감동받았으며 자신의 VIP 고객들에게 손편지 강의를 해달라는 것이었다. 뜻밖의 제안에 좀 놀랐지만 흔쾌히 수락했다. 그 후에도 그는 나에게 여러 번의 강의를 부탁했다. 함께 공부하는 스터디 그룹에도 초대해 주었고, 자신이 진행하는 강의에 편지쓰기 항목을 넣어 내게 강의할 기회를 주기도 했다. 그가 준 기회는 또 다른 강의로 연결되기도 했다.

나는 그저 축하편지 한 통을 보냈을 뿐인데, 편지는 내게 새로운 관계를 선물한 것이다. 이번 일을 경험하며 누군가의 마음을 읽고, 함께 공감해 주는 것이 관계를 얼마나 단단하게 엮어주는가를 다시 한 번 깨달았다.

작가들에게 보낸 편지

나는 종종 모르는 사람들에게 편지를 쓴다. 신문기사를 읽고 기자에게 편지를 쓰기도 했고 책을 읽고 만난 적이 없는 저자들에게 편지를 쓴 적도 있었다. 2007년 봄, 나는 소설가 박완서 작가에게 편지를 쓴 적이 있다. 큰아이를 낳고 방황할 때였다. 지금 생각해 보면 가벼운 산후우울증인 것 같은데, 그때의 나는 무기력해 있었고 더 이상 글을 쓸 수 없을 것 같은 두려움에 사로잡혀 있었다. 그때 박완서 작가의 『호미』를 읽었다. 마흔이라는 늦은 나이에 등단해 작가의 길을 걷고 있는 선생님의 글을 읽으며 나는 많은 위안을 받았다. 책을 덮고 바로 선생님께 감사 편지를 썼다. 그런데 선생님 댁 주소를 알 길이 없었다. 출판사에 주소를 문의하는 메일을 보냈으나 답장이 없었다.

그 무렵 한 인터넷서점에 박완서 작가에 관한 기사가 하나 올라왔는데 기자가 선생님 댁을 방문하고 쓴 기사였다. 기사 속의 선생님은 '아치울 마을에 풍경이 매달린 노란 집'에 살고 계셨다. 편지를 선생님 댁 우편함에 넣고 오기로 마음먹고 나는 그 단서만을 가지고 버스에 올랐다.

그런데 아치울 마을에서 '풍경이 매달린 노란 집'을 찾는 건 쉬운 일이 아니었다. 마을 입구부터 노란 집을 찾아봤지만 나타나지 않았다. 한참을 지나 발견한 노란 집에는 풍경이 없었다. 나는 마을 깊숙이 더 들어갔고 결국 마을의 끝에 다다랐을 때 기사에서 봤던 그 노란 집을 발견했다. 선생님께서 마당에 나와 계시지 않을까 싶어 고개를 기웃거려 봤지만 인기척은 없었다. 초인종을 누를까 말까 고민을 했지만, 혹

시나 선생님이 글 쓰는 데 방해가 될지도 몰라, 편지만 우편함 속에 넣고 바로 돌아 나왔다.

박완서 작가에게 쓴 편지에는 별다른 연락처를 적지 않았다. 언젠가 책을 출간하면 선생님께 인사를 드리면서 내 소개를 하고 싶었기 때문이다. 그러나 2011년, 선생님은 하늘로 떠나셨고, 나는 이제야 책을 쓰고 있다.

한번은 『내 인생 최고의 멘토』를 읽고 이영권 박사에게 편지를 쓴 적이 있다. 손편지에 관해 공부를 시작했을 무렵이었다.

책에 나오는 이영권 박사의 멘토인 조지 브라운은 자동차 세일즈맨이었다. 그러나 조지 브라운은 다른 세일즈맨들과는 달랐다. 그의 매일 아침은 고객들에게 편지 쓰는 일로 시작되었다. 그는 꼬박 2시간 동안 고객들에게 편지를 쓰고 나서야 하루 일과를 시작했다. 이영권 박사가 미국에 있었던 5년 반 동안 조지 브라운에게 받은 편지는 50여 통에 달했다.

나는 『내 인생 최고의 멘토』를 읽고 많은 것을 배웠다. 손편지 강의에 사용할 수 있는 콘텐츠를 배우기도 했지만, 사람을 어떻게 대해야 하는가를 더 깊이 배웠다. 나는 그런 책을 써준 이영권 박사에게 감사 인사를 전하고 싶었다. 그래서 그에게 편지를 썼다. 그리고 인터넷 검색을 통해 알게 된 그의 사무실 주소로 편지를 보냈다.

며칠 후, 이영권 박사에게서 전화가 왔다. 책을 읽고 손편지를 보내는 게 쉽지 않은 일인데 무척 고맙다는 전화였다. 그의 연락을 받고 나는 좀 놀랐다. 손편지 한 통이 이렇게 쉽게 사람을 연결한다는 것이 새삼 놀라웠기 때문이다. 손편지의 힘은 내가 생각한 것보다 훨씬 더 강력했다.

손편지의 강력한 힘을 믿은 사람은 나뿐만이 아니었다. 고등학교에서 역사를 가르치고 있는 서 선생님은 손편지로 안도현 시인을 설득하기도 했다. 학교에서 학부모 독서 모임을 맡고 있는 그는 안도현 시인을 학교에 초대하고 싶었다. 그러나 안도현 시인이 쉽게 초대를 수락할지는 미지수였다.

서 선생님은 편지지를 꺼내 편지를 썼다. 세상이 아무리 최첨단화되어도 손편지는 아직도 가장 강력한 소통수단이라는 것을 믿었기 때문이다. 그리고 그의 믿음은 헛되지 않았다. 편지를 받은 안도현 시인이 강연에 참석한 것이다. 학부모들과 강연을 마친 안도현 시인은 강연

수락 이유를 이렇게 밝혔다. "요즘 세상에 편지까지 직접 써서 사람을 압박하는 원시인이 누군가 궁금해서 초대를 거절하지 못하고 수락했다"고 말이다.

안도현 시인에게 손편지를 보내 설득한 서 선생님은 나의 손편지 친구이기도 하다. 나는 그가 오마이뉴스에 쓴 기사를 보고 그에게 편지를 보냈다. 얼굴은 모르지만 그가 쓴 기사를 읽으면서 많은 동질감을 느꼈기 때문이다. 나는 그저 생각만 하는 것들을, 그는 글로 쓰고 행동하면서 세상에 알리고 있었다. 나는 그런 그가 고마웠다. 그래서 손편지 한 통과 내가 직접 만든 엽서를 선물로 보냈다. 며칠 뒤, 그가 답장을 보냈다. 전형적인 '선생님 글씨체'로 쓴 그의 편지에는 내가 보낸 마음보다 더 깊은 마음이 담겨 있었다.

손편지는 얼굴을 모르는 사람과도 친밀한 관계를 맺어준다. 그 안에 진정성이 담겨 있기 때문이다. 혹시 지금 마음에 와 닿는 책을 한 권 읽었거나 삶을 위로해 주는 노래를 들었다면 책을 쓰거나 노래를 쓴 사람들에게 편지를 보내보는 건 어떨까? 당신의 짧은 편지 한 통이 그 사람과 당신의 관계를 친밀하게 엮어 줄 끈이 될지도 모른다.

긴 인연은 따뜻한 체온이 실린
정성 어린 손편지에서부터 시작됩니다.

2장
손편지로 관계를 쓰다

받는 사람 정하기

손편지를 기다리는 사람들

영화 「그녀」가 개봉되자 많은 사람들이 내게 연락을 해왔다. 영화의 주인공이 손편지를 쓰는 사람으로 나오니 그 영화를 꼭 보라는 연락이었다. 그렇다면 내가 꼭 봐야 했다. 디지털 시대에 손편지를 어떻게 그리는지 무척 궁금했다. 어떤 내용인지 사전 조사를 해볼까 했지만 영화를 재미있게 보기 위해서 사전 정보 없이 극장에 들어섰다. 극장 안에는 생각보다 많은 관객들이 있었다.

주인공 테오도르는 다른 사람의 편지를 대필해 주는 일을 하고 있다. 그는 별거 중인 아내를 아직도 사랑하지만 그런 자신의 마음을 아내에게 전하지 못한다. 테오도르는 다른 사람들의 마음은 손편지로 그럴 듯하게 전하면서, 정작 자신의 마음은 제대로 표현하지 못하고 있는 것이다.

그러던 어느 날, 테오도르는 스스로 생각하고 말할 수 있는 인공지능 운영체제 '사만다'를 만나게 된다. 사만다는 테오도르에게 집중한다. 그가 하는 말에 귀 기울이고, 그의 감정을 있는 그대로 읽어낸다.

사만다는 테오도르가 어떤 말이나 어떤 행동을 하든 있는 그대로 그의 모습을 받아준다. 테오도르는 자신을 이해하려고 노력하는 사만다에게 사랑의 감정을 느끼기 시작한다. 영화의 줄거리는 흥미로웠다. 모든 것이 디지털로 돌아가는 세상에서 아날로그적인 일을 하는 남자 주인공이 다른 사람을 소통시켜 주고 있지만, 정작 자신은 타인과 소통하지 못하는 이야기가 아이러니하지만 재미있게 그려졌다. 영화를 보면서 나는 주인공의 직업이 왜 손편지 대필 작가인가를 생각해 보았다.

디지털 기계가 발달하면서 소통의 도구는 더 늘어나고 있는데 왜 손편지 대필 작가가 필요한 것일까. 영화감독은 디지털이 진심을 전하는 소통의 도구가 되기 힘들다는 것을 알고 있었던 것 같다. 그리고 수많은 소통의 도구가 있음에도 손편지를 선택한 이유는 어쩌면 사람들이 손편지를 그리워하고 있다는 역설이 아닐까.

얼마 전 나는 카피라이터 동호회에 엽서를 보내주겠다는 글을 올린 적이 있다. 요즘에는 보기 드문 엽서를 보내주면 편지를 쓰겠다는 사람이 생기지 않을까 싶었기 때문이다. 예상보다 많은 사람들이 엽서를 신청했다. 나는 엽서와 함께 받는 사람들에게 일일이 편지를 써서 보냈다. 얼굴을 아는 사람도 있었지만, 모르는 사람도 있었다. 그들에게 친근하게 다가가기 위해서 게시판의 글을 뒤적이며 그들이 썼던 내용들을 이용해 편지를 썼다. 편지를 받는 사람들에게 '손편지'의 참맛과 감동을 전해주고 싶었기 때문이다.

내 예상은 적중했다. 편지를 받은 사람들이 모두 감동받았다는 소식을 전해왔다. 그리고 우리 집으로 답장을 보내기 시작했다. 어떤 사람

손편지의 감성을 디지털 기기가 전할 수 있을까요?
천만에요!

은 내가 건넨 엽서에 다시 글을 써서 보내기도 했고, 어떤 사람은 직접 구입한 편지지에 답장을 써서 보냈다. 사람들의 편지 속에는 손편지 한 통이 이렇게 많은 설렘과 기쁨을 준다는 걸 새삼 깨달았다는 내용이 적혀 있었다. 들뜬 마음으로 소식을 전해오는 사람들을 보면서 나는 확신했다. 세상의 모든 사람들이 손편지를 기다리고 있다는 것을 말이다.

할 말이 있는 사람 찾기

나는 지인들에게 보낸 손편지를 종종 SNS에 올린다. 내가 올리는 손편지 사진 한 장을 보고 다른 사람들도 어디론가 편지 한 장을 띄웠으면 하는 바람에서다. 그런데 어찌 된 게 "나도 편지 한 통 써야겠어"라는 답변보다 "나한테도 보내줘!"라는 댓글이 더 많이 올라온다. 사람들에게 편지를 쓰라고 사진을 올리는 것인데, 그들은 외려 내게 자신들에게도 편지를 써달라고 요구하는 것이다.

사람들이 편지를 써 달라고 하면 나는 며칠이 걸리더라도 꼭 그들에게 편지를 써서 보낸다. 그런데 편지를 쓰는 게 참으로 곤혹스러울 때가 있다. 바로 그 사람에게 하고 싶은 이야기가 없을 때가 그렇다. 아무리 사람들이 손편지를 좋아한다고 하지만 아무 내용이나 좋아하는 것은 아니다. 그들이 원하는 손편지를 쓰려면 그들이 좋아할 만한 이야기를 떠올려야 하는데, 그런 이야기가 떠오르지 않는 사람들도 더러 있기 때문이다. 이럴 때는 손편지를 쓰는 게 정말 곤혹스럽다.

손편지를 즐겁게 쓰기 위해서는 '할 말이 있는 사람'에게 편지를 써야 한다. 사진첩을 넘기다가 누군가와 함께한 추억 속으로 빠졌다거나, 누군가 내게 베푼 선의가 생각났다거나, 누군가 힘들어한다는 소식을 들었다거나, 중요한 시험에 합격했다는 소식을 들었을 때에는 편지를 쉽게 쓸 수 있다.

그 사람과 함께한 추억을 꺼내고, 베풀어 준 선의에 감사하며, 지금은 힘들지라도 용기를 잃지 말라고 응원을 전하면 되기 때문이다. 시험에 합격한 사람에게는 축하의 마음을 전하는 것으로 편지지를 채울 수 있다. 그러나 할 이야기가 없을 때는 작은 엽서 한 장을 채우기도 여간 어려운 게 아니다.

언젠가 유명 작가의 북콘서트에 초대받은 적이 있었다. 그녀가 출간한 책을 읽고 쓴 서평이 책의 광고로 활용되었기 때문이다. 그 책은 작가의 인세와 출판사의 판매수익금이 모두 기부되는 책이었다. 내가 쓴 서평도 기부의 일환이었다. 내 글이 어려운 사람들을 돕는 데 조금이나마 기여를 할 수 있다는 생각에 나도 서평을 기부했던 것이다. 그 후 출판사의 담당자는 나를 북콘서트에 초대해 주었다. 나는 오래전부터 책으로 만나던 작가를 직접 대면할 수 있다는 기쁨을 편지에 써서 전달하기로 했다. 그리고 편지지를 펼치고 펜을 들었다. 그런데 편지가 잘 써지지 않았다. 무슨 이야기를 해야 할지 쉽게 떠오르지 않는 것이다. 썼다 지웠다를 반복하다 나는 결국 편지쓰기를 포기했다. 그리고 작은 엽서에 짧게 몇 줄을 적었다.

시간이 흐른 뒤, 그 작가가 다른 책을 출간했다. 나는 책이 출간되고 한참이 지난 후에야 책을 읽었다. 그리고 무척 감동받았다. 때마침 나는 사람들과 함께 읽을 수 있는 책을 추천해 달라는 원고 청탁을 받았는데 그 책에 대한 내용으로 글을 썼다.

얼마 후, 내 글이 실린 잡지 몇 권이 도착했다. 나는 책을 쓴 작가에게도 잡지를 보내기로 했다. 내가 책을 읽고 얼마나 감동을 받았는지 알려주고 싶었다. 작가에게 보낼 잡지를 포장하면서 편지지를 펼쳤다. 내 안에 고이고 고였던 이야기들이 술술 흘러 나왔다. 편지는 책에 관한 이야기에서 어느새 삶의 이야기로 이어져 있었다.

세 장을 가득 메운 편지지를 보면서 나는 놀랐다. 지난번에는 한 장도 채워지지 않던 편지가 이렇게 긴 글이 되다니! 생각해 보니 그것은 '할 말'의 차이였다. 북콘서트에 초대받았을 때는 그녀를 만난다는 기쁨에 나는 뭔가를 써야만 한다고 생각했다. 책에 관해 이야기할 수도 있었지만, 책 내용은 이미 서평에 다 쓴 후였다. 했던 말을 또 하고 싶지는 않았다. 반면에 이번 편지에는 할 말이 많았다. 나의 지인들과 그녀가 친하다는 것도 놀라웠고, 그녀가 낸 책이 내 삶에 어떤 영향을 미쳤는지도 알려주고 싶었다. 내 안에 차곡차곡 쌓였던 '하고 싶은 말'들이 길고 긴 편지가 되었다.

할 말이 있는 사람에게 보내는 편지쓰기는 즐겁다. 펜이 종이 위에서 춤을 추듯 날아간다. 그러고 나면 순식간에 두세 장의 편지지를 메우게 된다. 할 말이 많은 편지쓰기는 시간도 오래 걸리지 않는다. 어떤 내용을 쓸까 고민하는 시간이 필요하지 않기 때문이다. 만약에 지금 누군가에게 편지를 쓰려고 한다면 할 말이 가장 많은 사람을 먼저 선택하자. 그러면 기쁘고 즐거운 마음으로 손편지를 시작할 수 있을 것이다.

받을 사람 리스트 만들기

해마다 연말이 되면 나의 지인들은 두 부류로 나뉜다. 나의 연하장을 받은 사람과 받지 못한 사람으로 말이다. 나는 한 명이라도 놓치지 않고 연하장을 보내려고 노력하지만 그게 말처럼 쉽지가 않다. 나의 착각으로 리스트에서 빠지는 경우도 있고, 리스트에 써 놓고도 시간이 없어 다 쓰지 못하는 경우도 있다. 그래서 연하장을 보내지 못한 사람에게는 그다음 해에라도 엽서를 보내려고 노력한다.

    편지를 보내야 할 사람이 많은 연말에는 카드나 편지지 대신 엽서를 이용한다. 카드처럼 비용이 비싸지도 않고, 편지지처럼 많은 칸을 채우지 않아도 되기 때문이다. 시중에서 판매되고 있는 엽서는 똑같은 것을 다량으로 구입하기도 힘들고, 조금 예쁘다 싶으면 비용이 만만치 않아 나는 내가 찍은 사진을 인쇄해서 엽서로 사용하고 있다.

연말에 엽서를 보내기 위해서는 반드시 필요한 것이 있는데 바로 '받을 사람의 리스트'이다. 어떤 사람에게 보낼 것인지, 또 어떤 사람에게 보냈는지를 체크해야 하기 때문이다. 나는 리스트를 작성할 때 그룹별로 묶어서 작성한다. 보통의 사람들이 휴대폰의 그룹을 나누듯, 나도 가족, 친구, 직장 동료 등으로 나눈다. 오래전에 관계를 맺은 사람들부터 올해 새롭게 만난 사람들까지 그룹별로 정리를 해놓으면 나의 인간관계가 한눈에 들어오기 때문이다.

    연하장 작업은 보통 11월 초부터 시작한다. 그룹별로 리스트를 작성하고, 가장 할 말이 많은 그룹의 사람들부터 엽서를 쓴다. 같은 그룹의 사람들에게는 꼭 같은 시기에 엽서를 동시에 함께 보낸다. 누구는 받고 누구는 못 받았다고 서운해 하는 소리를 듣지 않기 위해서다.

지난해에는 150여 통의 연하장 엽서를 보냈다. 11월 초부터 작업을 했음에도 불구하고 리스트에 적힌 모든 사람에게 엽서를 보내지는 못했다. 1월과 2월에도 엽서를 보낼 예정이지만 아마도 올해 연말에 받게 될 사람도 있을 것이다.

내가 쓰는 편지는 내용이 모두 다르다. 받는 사람에게 맞는 내용으로 쓰기 때문이다. 그러다 보니 지난해 만났던 모든 사람들에게 편지를 쓰기란 여간 어려운 일이 아니다.

아무리 열심히 편지를 써도 연말에 내 편지를 받지 못하는 사람들이 생기곤 한다. 때로는 그들이 서운한 마음을 내비치는데 그러면 나도 가끔은 메신저의 유혹에 빠진다. 하나의 손편지를 사진으로 찍어서 메신저에 등록된 사람들에게 보내고 싶은 유혹 말이다. 그러나 손편지 전도사가 어찌 그럴 수 있겠는가? 연하장을 받지 못한 사람들에게 '기다림의 미학'을 가르쳐 주는 수밖에.

혹시 이 글을 읽는 사람 중에 내게 연하장을 받지 못해 서운한 사람이 있다면 조금만 더 기다려 보시라. 언젠가 당신의 우편함에서 '보낸 이 윤성희'라고 적힌 손편지를 발견하게 될 것이다.

내 손편지를 받을 사람 리스트

1. _____
2. _____
3. _____
4. _____

연말에는 카드 대신
눈사람 사진을 엽서로 만들어
손편지를 쓸 수 있습니다.

손편지 내용 구성 따라잡기

손편지의 구성과 문장

편지는 하고 싶은 말을 글로 쓰는 것이다. 그래서 어떤 이들은 편지를 읽으면 '음성지원 서비스'가 되는 것 같다고 말하기도 한다. 글쓴이가 옆에서 말을 하는 것처럼 느껴진다는 것이다. 그러나 편지도 글이다. 그래서 글쓰기 규칙에서 자유로울 수는 없다.

　모든 글에는 흐름이 있다. 흐름이 자연스러운 글은 읽을 때 매끄럽게 잘 읽힌다. 그러나 아무리 뛰어난 문장들을 엮은 글이라도 흐름이 매끄럽지 못하면 읽기 어려운 글이 된다. 그래서 글의 흐름은 매우 중요하다. 글의 흐름을 '구성'이라고 한다. 흔히 글을 쓸 때는 구성을 잘해야 한다고 하는데, 구성이 글의 뼈대가 되기 때문이다.

편지 글에도 마찬가지로 흐름이 있다. 편지는 보통 '첫인사', '본문', '끝인사'로 구성된다. 첫인사 부분에서 받는 사람의 안부를 묻고, 보내는 이의 안부를 전한다. 본문에서는 전하고 싶은 이야기를 하고, 마지막 줄에는 끝인사를 한다. 그리고 가장 마지막으로 날짜와 보내는 이를 적는다. 편지는 다른 어떤 글보다도 간단하고 쉽게 쓸 수 있다. 물론 글쓰기를 두려워하는 이들에게는 편지 한 장을 쓰는 일도 쉬운 일이 아니겠지만, 일기 다음으로 쉽고 편하게 쓸 수 있는 글이 바로 편지다.

첫 문장

편지를 쓸 때는 최대한 솔직하고 편안하게 쓰는 게 좋다. 그러려면 뭔가 '아름다운 문장으로 시작해야 한다'는 선입견을 버려야 한다. 글을 쓸 때는 첫 문장이 중요하다고 하지만, 중요하다는 것이 꼭 아름다운 문장이어야 한다는 뜻은 아니다. 이미 손글씨에 감동해서 반가운 마음으로 편지를 읽는 사람에게는 당신의 솔직한 인사가 가장 아름다운 문장일 것이다.

편지에 관해서 사람들이 오해하고 있는 것 중 하나가 계절 인사다. 물론 첫인사를 계절에 맞게 쓸 수도 있으나 꼭 그렇게 써야 하는 것은 아니다. 계절 인사에 대한 강박관념은 오히려 문장을 식상하게 만든다. 대개 봄에는 항상 아지랑이가 피어나고, 5월에는 계절의 여왕만이 등장하며, 가을에는 꼭 낙엽이 떨어지고, 겨울에는 하얀 눈이 내린다. 자기 나름의 방식으로 계절을 표현할 수 있다면 계절 인사가 감동을 줄 수도 있지만, 그렇지 못할 경우에는 오히려 식상할 수도 있다. 그렇기 때문에 계절 인사를 써야 한다는 고정관념을 버리고 솔직하게 안부 인사를 전하는 게 더 나을 수 있다.

첫인사 부분은 '안녕하세요?'라든가, '그동안 잘 지냈니?' 정도로 해결할 수 있지만, 가장 중요한 본문의 내용은 어떻게 써야 할지 난감할 때가 있다. 처음 시작을 어떻게 해야 할지 모르겠고, 이 이야기를 해도 될지 망설여지기도 한다. 편지나 글을 자주 썼던 사람이라면 편지에 쓸 내용을 머릿속으로 정리해서 바로 편지지에 옮길 수 있지만, 그런 습관이 몸에 배지 않은 사람은 편지지를 채우기가 쉽지 않을 것이다.

본문에 쓰고 싶은 이야기가 있는데 어떻게 써야 할지 모르겠다면, 메모지에 그 내용들을 정리해 보는 것도 하나의 방법이다. 편지에 내가 전하고자 하는 이야기들을 한 줄로 간단하게 정리하고, 비슷한 내용들을 묶어서 재배치해 보자. 그리고 정리된 것을 보고 편지지에 차례로 풀어서 쓰면 된다. 손편지는 한 번 쓰고 나면 쉽게 수정하기가 쉽지 않다. 그래서 쓰다가 찢어 버리거나 구겨 버리는 경우가 많은데 요점을 정리하는 습관을 들이면 편지지를 낭비하지 않을 수 있다.

끝인사는 본문의 내용에 맞게 쓸 수 있다. 어떤 흐름으로 인사를 하는 것이 좋을지는 쓰는 사람 각자의 몫이다. 본문의 글이 추억을 상기시키는 내용이었다면 '다음에 또 좋은 추억을 만들자'고 할 수도 있고, 쾌유를 바라는 위로 편지였다면 '하루 빨리 건강을 되찾길 바란다'라고 끝인사를 할 수도 있다. 편지의 흐름에 맞는 끝인사로 마무리를 하려면, 끝인사를 쓰기 전에 본문의 내용을 다시 한 번 읽어보는 것이 좋다. 편지를 다시 한 번 읽어 보면 가장 자연스러운 인사법이 떠오를 것이다. 끝인사는 글의 흐름에 맞게, 각자의 개성에 맞게 인사하며 마무리를 하면 된다.

글의 흐름을 바꾼 편지

2014년 2월, H씨로부터 메일이 한 통 왔다. 여수에 있는 고객에게 편지를 보내려고 하는데 나에게 한 번 봐달라는 내용이었다. 그 당시 여수는 기름유출 사고로 큰 피해를 입은 상태였고, H씨의 고객은 어민이었다. H씨는 전화를 걸어 안부를 물을까도 했지만, 고객이 얼마나 큰 피해를 입었는지 알 수가 없어 조심스러웠다고 한다. 그래서 손편지로 걱정스런 마음과 위로의 마음을 전하고 싶다며 메일로 내게 이런 편지를 보냈다.

▼ 글 흐름의 수정을 부탁한 원래 편지

① 강○○님!
  안녕하세요. 전에 찾아뵀었던 H입니다.
② 여수에 기름유출 사고가 있었다는 소식을 듣고
  걱정이 되어 이렇게 편지를 보냅니다.
  별일이 없으셔야 되는데 부디 많은 영향을 안 받았으면 좋겠네요.
③ 전에 가게에 방문해서 상담했을 때
  친절하게 잘해주셔서 너무 고마웠습니다.
  사실 처음에 살짝 긴장했거든요.
  물론 이야기하면서 긴장은 살짝 풀렸지만요.
④ 큰 피해가 없으시길 바라고요.
⑤ 나중에 여수 가게 되면 한번 들르겠습니다.
  PS. 계약에 관련해서 궁금하신 점 있으시면 언제든지 연락주세요.

H씨의 편지 내용을 정리하면 이렇다.

> **원래 편지의 글 흐름**
> ① 인사 → ② 기름유출 사고 소식 → ③ 지난번 만남 때 친절하게 해주셔서 감사 → ④ 큰 피해 없길 바람 → ⑤ 끝인사

나는 H씨의 편지를 읽고 글의 흐름을 다시 잡았으면 좋겠다고 생각했다. 무슨 이야기를 하려는지는 알겠지만 내용이 흩어져 있다 보니 요점이 눈에 확 들어오지 않았다. 인사와 감사 인사, 그리고 첫 대면했던 때의 이야기를 앞부분에 놓고, 기름유출 사고에 관련된 것들을 뒤쪽으로 빼는 게 더 나을 것 같았다. 이렇게 말이다.

> **수정한 편지의 글 흐름**
> ① 인사 → ② 지난번 만남 때 친절하게 해주셔서 감사 → ③ 기름유출 사고 소식 → ④ 큰 피해 없길 바람 → ⑤ 끝인사

고객을 보고 조금 긴장했다가 이야기를 하면서 긴장이 풀렸던 이유도 자세히 쓰면 좋을 것 같았다. 어떤 이야기가 H씨의 긴장을 풀게 해주었는지 구체적으로 쓰면 받은 이가 더 깊게 공감할 수 있을 것 같았기 때문이다.

편지의 내용도 좀 더 풍성했으면 했다. 내용이 너무 짧다 보니 형식적으로 쓴 편지 같아 보였다. 여수는 1995년에도 기름유출 사고가 있었던 곳이다. 시프린스 호가 대량의 기름을 유출시켜 여수 주민들이 너무나 큰 피해를 입었다. 아마도 주민들은 그때의 악몽을 떠올리며 이번 사고가 그때처럼 큰 피해를 주지 않을까 조마조마했을 것이다. 나는

H씨가 이런 내용을 포함해서 좀 더 풍성한 내용으로 받은 이의 마음을 다독여 주길 바랐다.

    안부편지를 쓴 이유도 기름유출 사고와 연결시켜 뒤쪽으로 빼도록 조언했다. TV에서 시름 가득한 주민들을 보며 그를 떠올렸다는 이야기로 안부편지를 쓴 이유를 밝히면 좀 더 자연스러울 것 같았다. 이어서 큰 피해 없이 마무리되기를 바란다는 말로 정리를 하고, 끝인사를 하면 좋겠다고 생각했다. 그리고 위로의 편지인 만큼 계약과 관련된 이야기는 하지 않는 게 좋겠다고 조언했다. 아무리 추신이라고 할지라도 그를 걱정하고 있다는 마음, 그 진심이 전해지기를 바란다면 계약에 관해 문의하라는 말은 하지 않는 게 더 좋을 것 같았다. 나는 이런 내용들을 정리해 H씨에게 제안했다. 그는 제안해 준 내용이 너무 만족스럽다며 고맙다는 인사를 전해왔다.

H씨가 편지를 어떻게 고쳤는지는 모르겠다. 다만 내가 H씨라면 옆 페이지 편지처럼 썼을 것이다.

    자연스럽게 읽히는 편지를 쓰려면 글의 흐름을 바로잡는 것이 중요하다. 편지에 쓸 내용들을 한 줄로 정리하고, 비슷한 것들을 묶고, 내용을 풍성하게 할 수 있는 자료들을 찾아 활용해 보자. 같은 내용의 글이라도 글의 흐름에 따라 읽는 사람에게 각인되는 정도가 다르다는 것을 기억한다면, 더 멋진 편지를 쓸 수 있을 것이다.

▼ 글 흐름을 바꾼 편지

① 강○○님!
안녕하세요. 전에 찾아뵈었던 B입니다.

② 전에 가게 방문해서 상담했을 때
친절하게 해주셔서 정말 고마웠습니다.
처음에 살짝 긴장했었는데
제가 하는 이야기에 귀 기울여 주시고
친절하게 이야기 나누어주셔서 얼마나 고마웠는지 몰라요.
덕분에 긴장했던 마음이 풀렸답니다.

③ 얼마 전에 뉴스를 통해서 여수 기름유출 소식을 접했어요.
시름 짓고 있는 어민들을 TV에서 보는데
○○님의 얼굴이 겹쳐보여서 얼마나 걱정이 되던지요.
전화를 드려볼까 하다가 상황이 어떤지 몰라
편지로 먼저 위로의 말을 전합니다.

④ 신문을 보니 1995년에도 여수에서 큰 기름유출 사고가 있었더군요.
그때처럼 큰 피해가 생기지 않을까 걱정스럽습니다.
부디 별일 없이 잘 해결되어야 할 텐데요.
이번 일이 ○○님께는 많은 영향을 주지 않았으면 좋겠네요.
하루 빨리 이 일이 마무리되도록 저도 함께 기원하겠습니다.
힘내세요!

⑤ 여수에 가게 될 때 연락 한 번 드리겠습니다.
그때까지 건강히 잘 지내세요!

나만의 문장

세계적인 판매왕 조 지라드는 한 줄 편지로 유명하다. 그가 고객들에게 한 달에 한 번씩 한 줄짜리 편지를 보냈기 때문이다. 그는 매달 초에 'Happy New Year', 'Happy Valentine' 등 그 달을 떠올릴 수 있는 내용을 담아 편지를 보냈다. 그런데 우리가 주목해야 할 점은 짧은 메시지보다 그가 자신만의 문장을 만들었다는 데 있다.

조 지라드는 편지를 보낼 때마다 보내는 사람 이름 앞에 항상 똑같은 문장을 써서 보냈다. 그것은 'I like you'였다. '사랑합니다 고객님'보다 훨씬 신뢰가 가는 문장이다.

전 당신을 좋아합니다. – 조 지라드
나만의 문장 만들기 _____

조 지라드가 한 줄 편지의 마지막 부분에 쓴 이 문장은 자연스럽게 고객들에게 각인되었다. 그의 고객들이 'I like you'라는 문장을 볼 때마다 조 지라드를 동시에 떠올리게 된 것이다. 조 지라드는 'I like you'라는 문장을 자기화하여 자신을 나타내는 문장으로 만들었다.

이와 비슷하게 나에게는 '한여름의 산타'로 기억되는 선배가 있다. 편지봉투에 쓴 이름 때문이었다.

20대의 어느 여름이었다. 몇십 년 만에 찾아왔다는 무더위에 축 처져 있을 때였다. 집 우편함에 편지가 한 통 있었는데 보내는 사람 이름 란에는 '한여름의 산타'라고 적혀 있었다. 그 이름을 보는 순간 피식, 웃음이 나면서도 왠지 시원해지는 느낌이었다. '산타'는 겨울에만 만나는 단어다. 그러니 '산타'라는 단어를 보는 순간 저쪽으로 하얀 눈과 함께 겨울이 떠올랐던 것이다. 나는 편지봉투에 적힌 단어를 보면서 잠시 더위를 잊을 수 있었다. 그 편지에 어떤 내용이 적혀 있었는지는 잘 기억나지 않는다. 그러나 봉투에 적혀 있던 '한여름의 산타'는 20년이 지난 지금도 또렷하게 기억이 난다. 한여름에 편지를 보낸 산타, 그것이 그 선배가 내게 남긴 그녀만의 문장이었다.

조 지라드나 '한여름의 산타'를 적어 보냈던 나의 선배처럼 자신만의 문장을 찾기가 어렵다면, 명언이나 격언 등을 사용할 수도 있다. 예를 들면, 편지의 첫머리에 항상 명언을 넣는다든가, 편지의 마지막 부분에 성경 구절을 넣는다든가 하는 방법이다. 편지의 내용에 맞추어 명언이나 성경 구절을 찾아서 쓰면 내가 하는 열 마디의 말보다 더 강한 의미가 전달될 수도 있다.

> 사막이 아름다운 것은 어딘가에 샘을 숨기고 있기 때문이다. - 생텍쥐베리
> 나만의 명언 써 보기 _____

실제로 내게 편지를 보내는 선배 중에 한 명은 편지의 맨 끝에 편지 내용에 맞는 성경 구절을 함께 써서 보낸다. 편지를 읽고 나서 맨 마지막에 있는 성경 구절을 읽으면 편지의 핵심이 무엇인지 한눈에 알 수 있고, 왠지 더 큰 감동이 전달된다. 나는 그 선배의 편지를 받으면 맨 마지막에 적힌 성경 구절을 설레는 마음으로 읽는다. 이번에는 어떤 구절

을 썼을지 궁금해서 눈이 저절로 마지막 부분을 향해 가기도 한다. 그녀가 몇 통의 편지를 보내는 동안에 나는 그렇게 길들여졌다.

다른 사람들의 가슴에 나를 새겨 놓으려면 나만의 문장으로 상대를 길들이는 것이 필요하다. 특히 연애편지로 구애를 하려는 사람이나 고객에게 나를 특별한 사람으로 새겨 넣어야 하는 세일즈맨이라면 꼭 해 볼 필요가 있다. 나를 표현하는 독특한 문장 하나가 남들과 나를 구별할 수 있게 해주기 때문이다. 자신의 이름을 활용해 나름의 색다른 문장을 만들든, 현인들의 명언을 이용해 편지지의 윗부분이나 아랫부분을 채우든, 나를 표현할 수 있는 문장 하나를 만들어 보자. 이제 편지를 읽는 사람은 당신을 그 이미지로 기억하게 될 것이다.

단어 바꾸기 연습

손편지 쓰기를 두려워하는 사람들 중에는 '글솜씨가 없다'고 말하는 사람들이 많다. 그래서 이분들이 말하는 '글솜씨'란 게 뭔가 봤더니 바로 문장이었다. 이들은 아무리 편하게 쓰는 편지라고 해도 뭔가 멋진 문장으로 써야 한다는 선입견 때문에 쉽게 글을 쓰지 못한다. 그래서 손편지의 장점을 많이 알고 있어도 쉽게 펜을 들지 못한다. 바로 첫 줄을 어떻게 써야 할지 모르기 때문이다.

글쓰기에서 첫 문장은 매우 중요하다. 그러나 그것이 글이 좋고 나쁨을 판가름하는 기준은 아니다. 특히 편지는 문장보다 진심이 더 중요하다. 그럼에도 불구하고 문장 때문에 편지쓰기가 어렵다는 분들을 위해 한 가지 방법을 제안하려고 한다. 바로 '단어 바꾸기 연습'이다.

책을 펼치면 수많은 문장들이 있다. 그중에는 내 마음을 훑고 지나가는 명문장들도 있고, 그냥 지나치게 되는 문장들도 있다. 일단 수없이 그냥 지나가는 문장들은 빼고, 내 마음을 끄덕이게 하는 문장을 발견하게 되면 먼저 밑줄을 긋는다. 그리고 그것을 노트에 옮겨 적고 단어 하나를 다른 단어로 살짝 바꾸어 보는 것이다.

예를 들어 책을 읽다가 "슬픔에 잠긴 자는 신을 찾는다"는 단테의 말을 보고 밑줄을 그었다고 하자. 여기에서 내가 바꿀 수 있는 단어는 무엇일까? 사람마다 바꾸고 싶은 단어가 모두 다르겠지만, 나라면 '신을 찾는다'는 문장에서 '신'을 '나'로 바꾸겠다.

'슬픔에 잠긴 자는 나를 찾는다'는 문장으로 고쳐서 위로가 필요한 친구들에게 위로 편지를 쓸 때 사용할 것이다. '슬픔을 함께 나눌 내가 여기에 있다'는 것을 알려줄 수 있는 좋은 문장이 되기 때문이다.

좋은 문장을 발견했을 때 단어 하나만 바꾸어 그 문장의 의미를 그대로 이용할 수도 있지만, 반대로 문장의 뜻을 전혀 다르게 만들 수도 있다. '여기에서 사람이 죽었다'는 문장이 있다. '여기에서'든 '사람이'든 '죽었다'든, 세 가지 중에서 한 부분만을 바꾸어 전혀 다른 뜻이 되도록 해보자. ❶, ❷, ❸번 중에서 한 부분을 바꾸면 된다.

<u>여기에서</u>　<u>사람이</u>　<u>죽었다.</u>
　　❶　　　❷　　　❸

이 작업을 IT 업계에서 근무하는 분들과 함께 해본 적이 있다. 그분들은 '여기에서'에 무척 집착했다. '여기에서'를 '저기에서', '거기에서', '그곳에서'로 바꾸었다. 그런데 아무리 '여기에서'를 바꾸어도 '사람이 죽었다'는 사실은 변하지 않는다. 그 자리에 '천국에서'라고 바꾼다면 또 모르겠지만 말이다. '천국에서 사람이 죽었다'라고 하면 뭔가 색다른 일이 벌어졌을 것 같은 상상이 되기 때문이다.

> 여기에서 사람이 죽었다.
> 저기에서 사람이 죽었다.
> 거기에서 사람이 죽었다.
> 천국에서 사람이 죽었다.

'여기에서'라는 단어에서 빠져나온 사람들은 이번에는 '죽었다'에 매달린다. '살았다', '맞았다', '부활했다'로 바꾸는 것이다. 그러다 마지막에 가서야 '사람이'를 고치기 시작한다. '동물이', '강아지가', '고양이가'로 말이다.

> 여기에서 사람이 죽었다.
> 여기에서 사람이 살았다.
> 여기에서 사람이 맞았다.
> 여기에서 사람이 부활했다.
>
> 여기에서 사람이 죽었다.
> 여기에서 동물이 죽었다.
> 여기에서 강아지가 죽었다.
> 여기에서 고양이가 죽었다.

그런데 내가 원한 것은 '사람'을 바꾸는 것이었다. 사람 대신 무언가 다른 것이 죽기를 바랐다. 사람의 ㅁ을 ㅇ으로만 고쳐도 문장의 뜻은 전혀 달라진다. 여기에서 '사람'이 아닌 '사랑'이 죽음으로써 이 장소가 살인의 장소에서 이별의 장소로 변하기 때문이다.

또는 '사람'을 '절망'이나 '슬픔'으로 바꾸는 것도 좋은 방법이다. 살인의 장소가 절망이나 슬픔을 딛고 일어서는 희망의 장소가 되기 때문이다. 이렇게 단어 하나만 바꾸어도 글의 의미가 완전히 달라질 수 있다.

여기에서 사람이 죽었다.
여기에서 사랑이 죽었다.
여기에서 절망이 죽었다.
여기에서 슬픔이 죽었다.

문장 때문에 편지쓰기가 두렵다면, 이번에는 단어 바꾸기 연습을 해보자. 내가 바꾼 단어로 문장의 의미가 전혀 달라질 때 편지쓰기의 두려움도 사라질 것이다.

그림처럼 보이는 문장

편지를 쓸 때 또 하나 기억해야 할 사실은 '숫자에 약한 사람들'이 많다는 것이다. 물론 수(數)에 밝은 사람도 많다. 그러나 글에 쓰인 숫자를 이미지로 그릴 수 있는 사람은 많지 않다.

2007년 충남 태안 앞바다에서 기름유출 사고가 발생했다. 뉴스에서는 하루도 빠지지 않고 사고 피해 면적을 이야기하며 800ha가 피해를 입었다거나 4,000ha로 번졌다는 이야기가 나왔다. 그러나 뉴스에서 말하는 ha(헥타아르)를 들으면서 그 면적의 크기를 제대로 가늠할 수 있는 사람은 많지 않았을 것이다. 그래서 설명할 때 여의도 면적의 몇 배라고 덧붙이는 것이다. 여의도 크기의 몇 배 정도라고 하면 대략적인 이미지로 그 넓이를 떠올릴 수 있기 때문이다.

편지를 쓸 때도 이 점을 기억해야 한다. 편지를 읽는 사람이 이미지로 글을 읽을 수 있도록 해주어야 한다는 뜻이다. 그래서 어려운 전문용어를 사용하거나 의미를 제대로 알 수 없는 숫자를 쓰는 것을 조심해야 한다. 전문용어는 읽는 사람이 이해할 수 있도록 쉬운 말로 풀어쓰고, 숫자는 이미지로 그 크기를 그릴 수 있도록 도와주어야 한다.

편지로 누군가를 설득해야 한다면 글이 이미지처럼 보이도록 쓰자. 우리가 라디오를 들으며 어떤 이미지들을 떠올리듯, 편지를 받는 사람도 내 편지를 읽고 이미지를 그릴 수 있다면 당신의 편지는 오래도록 기억될 것이다. 편지가 감수성을 자극하고 진심을 담을 수 있는 최고의 수단이지만, 그 본연의 임무는 '소통'이라는 것을 잊지 말자.

 받는 사람이 좋아하는 7:3 법칙

내 편지의 독자는 누구인가

편지를 문학적 종류로 분류하면 수필에 속한다. 수필이란, '붓 가는 대로 쓰는 글'이며 특별한 형식을 요구하지 않는 글이다. 그렇다고 아무렇게나 쓴다고 해서 수필이 되는 것은 아니다. 아무리 형식이 없어도 수필이 되기 위해서는 갖추어야 할 것들이 있다. 그런데 수필이 소설이나 시보다 훨씬 가벼운 마음으로 쓸 수 있는 것은 사실이다.

편지는 수필이다. 수필을 형식적으로 나누면 서간문, 일기문, 기행문 등으로 나눌 수 있다. 그러나 편지인 서간문은 일기문이나 기행문과는 다른 점이 하나 있다. 바로 '독자가 정해져 있다'는 것이다.

다른 수필이 그저 혼자 하고 싶은 말을 기록하거나 불특정 다수를 위해서 쓰는 글이라면, 서간문인 편지는 받는 대상이 정확하게 정해져 있다. 즉 독자가 누구인지 알고 쓰는 글이란 뜻이다. 작가들이 글을 쓸 때 가장 염두에 두는 것이 바로 독자다. 내 글을 누가 읽느냐에 따라서 내용의 깊이와 넓이가 달라지기 때문이다. 편지도 마찬가지다. 누가 받느냐에 따라 내용이 달라진다. 그렇기 때문에 '받는 사람'을 떠올리면서 써야 한다. 글 쓰는 이가 아니라 읽는 사람의 입장에서 써야 한다는 뜻이다.

청첩장 속의 손편지

지난 봄, 우리 집으로 청첩장 하나가 도착했다. 카피라이터 동호회에서 알게 된 후배가 결혼을 한다는 소식이었다. 이미 지난번 만남 때 소식을 전해 들었던 터라 청첩장을 보내지 않아도 좋다고 했지만 후배는 굳이 집으로 청첩장을 보내왔다. 나는 날짜와 장소를 다시 한 번 확인하는 차원에서 청첩장을 열었다. 그런데 청첩장 안에는 손글씨가 가득 차 있는 노란 포스트잇 한 장이 붙어 있었다. 나는 그 글씨들이 결혼을 하게 됐으니 와서 축하해달라는 인사말인 줄 알았다. 그런데 뜻밖에도 후배는 그 작은 종이 위에 나를 위한 응원의 메시지를 적어 보냈다.

> 성희 언니
> 철철 넘치는 '표현'의 재능을 타고난 성희 언니
> 언니가 원하는 순간까지 '작가'의 행복이 늘 함께하리라 믿고,
> 또 응원해요.
> 아내로서, 엄마로서,
> 그 무엇보다 '언니 자신'으로서 살아가는 모습
> 정말 멋지고 존경합니다. – 용마 –

그동안 수많은 청첩장을 받아왔지만, 이렇게 직접 손으로 쓴 글씨가 적힌 청첩장을 받은 적은 없었다. 게다가 자신의 결혼식에 꼭 와달라는 내용이 아니라, 완전히 받는 사람인 나에 대해서 쓴 편지라니!

나는 이 짧은 편지를 읽고 기분이 매우 좋았다. 그래서 한참 동안 청첩장에 붙은 노란 종이를 바라보았다. 계속 읽다 보니 왠지 내가 괜찮은 사람이라는 생각도 들었고, 누군가 나를 지켜보고 있다는 사실에 힘이 났다. 그리고 나를 그렇게 생각해주는 후배가 무척 고마웠다. 나는 청첩장을 보관하고 싶었다. 청첩장 안의 포스트잇 덕분에 후배의 결혼 소식보다 나를 생각하는 그녀의 마음이 더 크게 다가왔기 때문이다. 나는 이 청첩장을 편지함에 넣어 두었다. 그동안 받은 다른 청첩장들은 결혼식이 끝남과 동시에 쓰레기통으로 직행했지만 후배의 마음이 담긴 청첩장은 버릴 수가 없었다.

'용마'라는 닉네임을 가진 후배는 독자를 정확하게 파악했다. 자신의 편지를 누가 읽을 것인가를 생각하고, 노란 포스트잇을 온통 읽는 사람의 이야기로 채웠다. 그리고 독자의 마음을 사로잡는 데 성공했다. 만약에 그녀가 "언니! 저 결혼하게 됐어요. 와서 축하해 주시면 고맙겠습니다"라고 썼다면 내가 그 청첩장을 간직하려고 했을까? 단언컨대 그녀가 그런 인사말을 썼다면 지금쯤 그 청첩장은 재활용 종이로 태어나기 위해 분리수거장에 있을 것이다.

그녀가 청첩장을 받는 사람들에게 하고 싶은 인사말은 이미 청첩장에 찍혀 있다. 1,275일을 지켜온 믿음으로 함께 하겠으니, 와서 증인이 되어달라는 말을 또다시 손편지로 쓸 필요는 없는 것이다.

독자들은 똑같은 레퍼토리를 좋아하지 않는다. 언제나 새로운 것, 그리고 내 감정을 건드려 주는 것을 좋아한다. 당신의 편지를 읽는 사람도 마찬가지다. 그런 의미에서 후배의 편지는 독자의 마음을 사로잡은 감동적인 작품이었다.

아무리 손글씨로 편지를 쓴다고 해도 어떤 편지는 버려지고, 또 어떤 편지는 영원히 보관된다. 보내는 사람이 어떤 마음으로 편지를 쓰느냐에 따라 편지의 운명이 달라지는 것이다. 펜을 꾹꾹 눌러 정성껏 쓴 편지는 불특정 다수에게 보내는 단체 문자와는 다르다. 그러나 대상을 올바르게 인식하지 못한 편지는 단체 문자처럼 취급받기도 한다. 누군가의 마음을 사로잡는 편지를 쓰고 싶다면 읽는 사람을 생각하자.

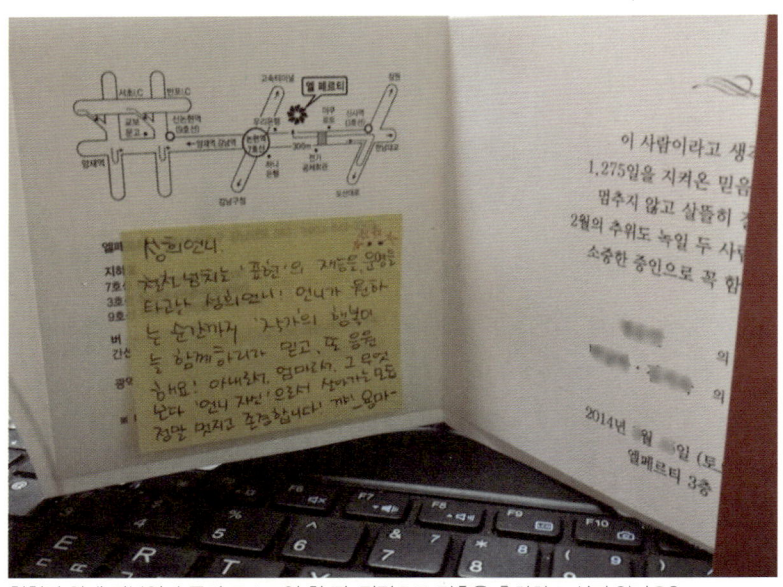

청첩장 안에 덧붙인 손글씨 포스트잇 한 장. 진정으로 결혼을 축하하고 싶지 않나요?

7:3의 법칙

이제 조금 즐거운 상상을 해보자. 어느 날 무심코 우편함을 열었는데 두 통의 손편지가 들어 있었다고 말이다. 그런데 한 통의 편지에는 보내는 사람의 일상만이 담겨 있고, 다른 한 통에는 그 사람과 당신이 함께 나눈 추억이 담겨 있다.

당신은 어떤 편지를 더 좋아할까? 아마도 당신은 보내는 사람의 일상만이 담긴 편지보다 당신 이야기가 들어 있는 편지를 더 좋아할 것이다. 당신의 편지를 받는 사람도 다르지 않다. 편지 속에 남의 이야기가 아니라 자기 자신의 이야기가 적혀 있기를 바란다. 누구나 여러 명이 함께 찍은 단체 사진 속에서 자신의 모습을 가장 먼저 찾는 것처럼, 편지에서도 남의 이야기보다 나의 이야기에 먼저 관심을 갖는다. '남'보다 '나'에게 먼저 관심을 갖는 것은 본능이기 때문이다.

내 편지가 다른 사람의 편지함에 보관되길 바란다면 7:3의 법칙대로 편지를 써 보자. 7:3의 법칙이란 받는 사람의 이야기를 70% 쓰고, 내 이야기를 30% 쓰는 것을 말한다.

나는 그동안 영업을 하는 분들께 이 비율을 9:1로 하라고 말했다. 그동안 영업인들이 고객은 관심도 없는 상품에 대한 설명만을 늘어놓았다면 이제는 상대방을 생각하라는 뜻으로 9:1의 법칙을 강조했던 것이다. 그러나 일반적인 관계에서 9:1의 법칙은 한쪽으로 치우친다. 주고받는 것의 무게가 한쪽으로 너무 치우치면 대화를 이어나가기가 힘들어지기 때문에 어느 정도의 비율을 맞추는 것이 중요하다.

편지는 글로 쓰는 말이기 때문에 대화와 똑같은 습성을 갖는다. 기분 좋은 대화란 서로 같은 코드로 이야기하는 것을 말한다. '맞아 맞아!' 하며 맞장구를 치고 고개를 끄덕이는 모든 추임새가 기분 좋은 대화를 만든다.

이를 그대로 편지에 적용한다고 생각해 보자. 편지에서 말하는 '같은 코드'는 그 사람이 관심을 가질 만한 화젯거리다. 예를 들면 그 사람의 근황이나 그 사람이 좋아하는 것, 그 사람이 이루려고 하는 꿈 등, 내가 아닌 상대방에게 초점을 맞추는 것이다.

편지는 마주 앉아 하는 대화가 아니기 때문에 당신의 표정이나 추임새를 제대로 보여줄 수가 없다. 그렇기 때문에 그 사람에게 초점을 맞추고 그 사람이 관심을 갖고 좋아할 만한 것들로 이야기를 채워야 한다. 그러면 편지를 읽는 사람은 흥미롭게 당신의 편지를 읽어내려 갈 것이다. 이렇게 받는 사람에 관한 이야기로 70%를 채웠다면, 나머지 30%는 당신의 이야기로 채워 보자. 자신이 등장하는 내용을 읽은 사람은 당신의 이야기도 즐겁게 읽어줄 것이다.

7:3의 법칙을 지키려면 실마리를 찾아라

이제 당신은 7:3의 법칙을 떠올리며 편지를 써보기로 마음먹었다. 그런데 아무리 생각해도 받는 사람에 대해서 편지지의 70%를 채우기가 쉽지 않다. 자꾸 함께한 추억만 꺼내다 보니 했던 말을 또 하고 또 하게 된다. 이렇게 같은 자리를 뱅글뱅글 맴돌 듯 편지지 위에 똑같은 단어들만 보이기 시작한다. 아, 도대체 어떻게 해야 그 사람의 이야기로 70%를 채울 수 있을까?

내가 아닌 상대방에 대해서 편지지의 70%를 채우려면 상대방에게 관심이 있어야 한다. 그 사람이 요즘 어떻게 지내는지, 어떤 일을 했는지, 어떤 기분인지, 무엇 때문에 고민하고 있는지를 알아야 하는 것이다.

상대방에 대해 관심을 갖고 그에 대해 알아내는 것을 나는 '실마리 찾기'라고 한다. 관계에서 실마리는 매우 중요하다. 작은 실마리 하나가 두 사람 사이에 있는 벽을 한순간에 무너뜨리기 때문이다.

지난 봄, 나는 한 통의 편지를 받았다. 이름을 보니 매우 낯설었다. 처음 보는 이름이었기 때문이다. 누굴까 싶어 편지를 펼쳤더니 내 강의를 들은 교육생이었다.

> 윤성희 강사님께
> 안녕하세요?
> 저는 며칠 전에 강사님의 강의를 들었던 교육생입니다.
> 명함을 안 드려서 누구인지 모르실 듯해요.
> 강의 끝나고 식사할 때 같은 테이블에 앉기도 했고,
> 같이 잠깐 걷기도 했습니다.
> 저도 글씨가 별로라 간만에 편지를 쓰는데 무척 어색합니다.
> 강사님을 잘 알아야 강사님에 대한 이야기를 쓸 텐데요,
> 잘 몰라서 강의 당시에 좀 관찰을 했습니다.

작은 체구에 프리지아를 좋아하시고,
귀걸이와 목걸이, 심지어는 구두에도 큐빅이 있는 걸로 보아 블링블링한 걸 좋아하시나 봐요. 오른손 검지에 있는 묵주 반지도 인상적이었습니다.
강사님 강의를 듣고 저도 느낀 것들이 많습니다.
꼭 강의 내용뿐만이 아닌, 열정을 배울 수 있었던 게 더 좋았네요.
첫 인상은 조신하고, 그래 보였거든요.
강의를 듣고 손편지를 몇 통 써서 보냈습니다.
아직 결과로 이어지지는 않았지만 반응들은 괜찮던데요.
아무튼 정말 좋은 강의 감사합니다.
참! 편지 샘플을 메일로 받아볼 수 있을까요?
출력해서 책으로 만들어서 보고 싶어서요. 부탁 좀 드리겠습니다.
'옷깃만 스쳐도 인연'이라는 말이 있습니다.
저희는 두 시간 같이 있고 식사까지 같이 했으니 얼마나 멋진 인연인가요?
얼마 전 우연히 봄을 만나셨댔죠?
봄과 친해지시길 바라며 다음에 또 뵙길 기약하겠습니다.

나는 편지를 받고 무척 놀랐다. 단 한 번 만났을 뿐인 사람이 나에 대해서 많은 것을 알고 있었기 때문이다. 그날 나는 큐빅이 박힌 귀걸이와 목걸이를 했고 구두에도 큐빅이 박혀 있었다. 일부러 맞추려고 한 것은 아니었다. 다만 내가 가진 것들에 모두 큐빅이 박혀 있었을 뿐이다. 나는 이분의 편지를 읽고 깨달았다. 바로 내가 블링블링한 것을 좋아한다는 사실을 말이다.

이분은 나에 대한 실마리를 찾기 위해 두 시간 동안 나를 관찰했다.

내가 강의시간에 했던 말들을 떠올렸고, 나의 옷차림을 기억했다. 우리는 개인적으로 전혀 모르는 사이였지만, 나의 행동과 옷차림은 그분에게 실마리를 제공했다. 그리고 그분은 그 실마리를 잡아 나에게 멋진 편지를 써서 보내주었다.

이분이 쓴 편지는 내가 주장하고 있는 7:3의 법칙에도 딱 들어맞았다. 편지의 앞부분을 나에 대해 관찰한 사실들로 채웠고, 뒷부분에서 자신이 원하는 것이 무엇인가를 밝혔다. 그리고 다시 내가 했던 말을 인용하여 마무리를 했다.

나는 그날 내게 메일을 보내거나 먼저 연락을 하면 내가 작성한 편지 샘플을 드리겠다고 약속했다. 어쩌면 이분은 편지 샘플이 필요해서 내게 편지를 보냈는지도 모른다. 그러나 내 얘기로 가득 채워진 편지를 읽으며 나는 무척 흐뭇했고, 기쁜 마음으로 편지 샘플을 보내드렸다.

편지로 누군가의 마음을 활짝 열고 싶다면, 상대방이 제공하는 실마리를 잡아보자. 당신이 발견한 실마리는 7:3 비율의 편지에 결정적인 역할을 해 줄 것이다.

실마리는 연결고리를 만들어준다

내 편지를 받을 사람이 나와 마주 앉아 대화를 했던 사이라면 실마리를 잡는 게 어렵지 않을 것이다. 그때 나누었던 이야기와 그 사람이 했던 행동, 그리고 옷차림 등을 떠올리면 쉽게 실마리를 잡을 수 있다.

그러나 단지 전화 통화만 했던 사이라면 그 사람에 대한 실마리를 찾는 게 쉽지 않을 것이다. 그 사람에 대해 아는 것이 별로 없어 어떤 이야기로 풀어나가야 할지 감이 잡히지 않기 때문이다.

만약에 한두 번의 전화통화로 인연을 맺은 사람에게 편지를 써야 한다면 그 사람의 목소리가 주는 분위기를 기억하자. 목소리 톤이 높고 낭랑하다면 성격 또한 밝을 것이고, 무겁고 두껍다면 진중한 사람일 확률이 높다. 상대방의 목소리나 통화할 때 느꼈던 특별한 느낌들을 있는 그대로 솔직하게 편지에 적으며, 내가 상대방에게 관심을 갖고 있다는 것을 알리면 된다.

모르는 사람에게 편지를 쓸 때는 그 사람의 이름을 잘 관찰하는 것도 도움이 된다. 혹시 내가 아는 사람과 같은 이름일 수도 있고, 이름 자체에서 특별한 것을 발견하게 될 수도 있으며, 이름에서 느껴지는 것들을 실마리로 잡을 수도 있기 때문이다.

또 다른 방법으로 그 사람의 주소지와 연관된 것들을 떠올릴 수도 있을 것이다. 편지를 받는 사람이 신림동에 산다면 신림동에서 유명한 것들을 떠올려 보자. 신림동에는 국내 최고 대학인 서울대학교가 있고, 오랜 역사를 자랑하는 순대촌이 자리 잡고 있다. 편지를 받는 사람과 그런 장소들이 어떤 연결고리가 있을까를 고민해 보면 답을 찾을 수 있을 것이다.

SNS가 실마리를 제공한다

한두 번 만난 사람의 실마리를 목소리나 이름에서 찾는다면, 반대로 오랫동안 알고 지낸 지인들의 실마리는 SNS에서 찾을 수 있다. SNS만 잘 살펴보아도 이야깃거리를 찾을 수 있는 것이다.

나는 지인들의 실마리를 찾기 위해 SNS를 자주 살펴본다. 오늘은 지인들이 SNS의 프로필을 어떻게 바꾸었나 살펴보고, SNS의 타임라인을 훑으며 누가 어떤 감정에 휩싸여 있는가를 알아낸다. 사람들이 SNS에 자신들의 감정을 드러내지 않는다고 해도, 마음의 눈으로 살펴보면 잡히는 실마리가 하나쯤은 있게 마련이다.

은지라는 후배가 회사를 그만두고 자유인으로 살 무렵이었다. 그녀의 메신저에는 '참 좋은 시절'이라는 이름이 등록되어 있었다. 자신의 꿈을 이루기 위해 준비하는 시간이 얼마나 좋았으면 그런 이름을 붙였을까 싶었다. 나는 그녀를 응원해 주고 싶었고, 격려해 주고 싶었다. 그런데 얼마 후 그녀의 메신저 이름이 '좋은 시절 끝! ㅠ.ㅠ'으로 바뀌어 있었다. 그 이름을 발견하는 순간, 이것이 '실마리'라는 생각이 들었다. 바로 후배의 삶에 변화가 생겼다는 실마리 말이다.

나는 후배에게 연락을 했다. 예상대로 그녀는 자유인의 생활을 접고 다시 회사로 돌아간다고 알려주었다. 지금 뭔가를 시작하기에는 자신이 너무 부족하다고 느꼈기 때문에, 좀 더 시간을 갖고 배우기로 결론을 내렸다는 것이다. 은지의 목소리에는 많은 아쉬움이 담겨 있었다. 전화를 끊고 나는 그녀에게 편지를 썼다.

은지야.
다시, 치열한 세상 속으로 뛰어든 기분이 어때? 견딜 만하니?
수화기 너머 네 목소리가 너무 힘이 없어서 걱정스러웠어.
조금만 더 시간을 갖고 다시 생각해 보라고 얘기하고도 싶었고….
그런데 네가 그렇게 선택했다면, 분명히 이유가 있을 거라고 생각했단다.
은지야! 너, 멀리뛰기 해봤지?
멀리뛰기 할 때 말이야,
더더욱 멀리뛰기 위해서 도움닫기를 하러 뒤로 뛰어가잖니.
그렇게 도움닫기를 하고 나면 더 멀리 뛸 수도 있고,
제자리에서 멀리 뛰는 것보다 훨씬 먼 곳에 착지할 수 있잖아.
네가 다시 회사로 돌아간 건, 어쩌면 네 인생에 도움닫기일지도 몰라.
지금은 자꾸만 퇴보하는 것처럼 보여도
그건 너를 더 먼 곳으로 데려다 줄 도움닫기일 거야.
그러니까 너무 기죽지 말고, 우울해하지 말고 힘 냈으면 좋겠다.
그 누구보다 네가, 더 먼 곳에 착지하게 될 테니까 말이야.
나는 너의 튼튼한 두 다리를 믿는다. 화이팅!

만약에 내가 메신저에 올라온 실마리를 놓치고 지나쳤다면, 후배에게 편지를 쓰지 못했을 것이다. 그리고 그녀가 답장과 함께 보내온 예쁜 엽서들 또한 받을 수 없었을 것이다.

　SNS를 잘 활용하면 그 사람에 관한 실마리를 찾을 수 있다. 늦은 나이에 아내가 늦둥이를 가졌다는 김 팀장, 아이가 영어말하기 대회에서 상을 탔다는 고등학교 동창, 돌쟁이 아들이 드디어 첫걸음을 뗐다고 동영상을 올리는 후배 등 사람들은 SNS에 그런 글을 괜히 올리는 것이 아니다.

누군가 자신의 상황을 알아차려 주기를 바라며, 실마리를 제공하고 있는 것이다. 그들과 특별한 관계가 되고 싶다면 이들이 제공하는 실마리를 모른 척 하지 말고, 덥석 잡아보자. 늦둥이가 분명 복덩이가 될 거라고, 아이를 똑똑하게 잘 키웠다고, 어제 아들이 띤 첫 걸음을 축복한다고 표현하자. 당신이 잡아낸 실마리는 그 사람의 마음을 당신 곁으로 데려다 줄 것이다.

언제, 어디로 보내야 하는가

누군가 제공한 실마리를 잡고 7:3의 법칙으로 편지를 쓴 당신! 이제 봉투에 주소를 적고 우체통에 넣으면 된다. 그러나 주소를 쓸 때도 역시 상대방을 생각해야 한다. 편지를 받는 사람이 어디서 받아야 편하게 읽을 수 있는가를 생각해야 한다는 뜻이다.

여자인 당신이 아내가 있는 남자에게 편지를 써서 집으로 보냈다고 생각해 보자. 당신은 그럴 의도가 아니었다고 해도 그 사람의 아내가 불쾌함을 드러낼 수도 있다.

어쩌면 당신의 편지 한 통은 그 부부의 사이를 와해시킬지도 모른다. 아무리 편지의 내용을 상대방의 이야기로 채웠다고 해도 편지가 전달되는 순간, 그 사람에게 해가 된다면 그것은 좋은 편지가 될 수 없다.

내 지인 중에 J씨는 고등학생 때 매일 아버지에게 편지를 받았다. 언뜻 생각하면 참 멋진 아버지라는 생각이 들겠지만, 그는 그런 아버지가 무척 싫었단다. 왜냐하면 아버지가 편지를 학교로 보냈기 때문이다. 예민한 사춘기 시절, 아침조회가 시작될 때마다 담임선생님은 J씨의 이름을 부르며 아버지가 보낸 편지를 건네주었다.

J씨는 편지를 받을 때마다 친구들의 웅성거리는 소리가 비아냥거리는 소리로 들렸으며, 왜 우리 아버지만 이런 유난을 떠는지 이해할 수 없었다고 했다. 그는 권위적인 아버지가 날마다 편지를 쓴다는 것은 놀랄 일이었지만, 날마다 학교로 날아든 편지 때문에 학교 생활이 즐겁지 않았다고 고백했다.

아버지가 아들을 위해서 날마다 편지를 쓴다는 것은 참으로 고마운 일이다. 그러나 아들이 아버지의 편지 때문에 창피를 당하고 있다면 이야기는 달라진다. 만약 그의 아버지가 편지를 J씨의 책상 위에 올려놓거나, 가방에 몰래 넣어 두었다면 어땠을까? 아버지가 아들의 입장을 한 번이라도 생각했다면, 그래서 매일 학교로 편지를 보내는 대신 다른 방법을 찾았더라면, J씨도 아버지의 진심을 읽으려고 노력했을 것이다.

편지봉투에 받는 사람의 주소를 적기 전에 이 이야기를 떠올리자. 그리고 편지를 받는 사람이 어디에서 이 편지를 읽는 것이 더 효과적일까를 생각하자. 편지를 회사로 보내서 "나, 이런 편지도 받는 사람이야!"라고 으쓱거리게 해주는 것이 좋을지, 아니면 지친 몸을 이끌고 집으로 돌아왔을 때 하루의 스트레스를 날려버리게 해주는 것이 좋을지, 받는 사람의 입장이 되어 생각하면 그 답을 찾을 수 있을 것이다.

3장
관계를 이어주는 손편지 기술 1

# 당신을 기억하고 있다는 안부편지

'당신을 기억하고 있다'는 징표

초등학교에 다닐 때 방학 숙제로 꼭 편지쓰기가 있었다. 지금처럼 이메일이나 휴대폰이 없을 때였다. 기껏해야 집에 있는 전화기가 최고의 통신수단일 때였는데 방학 때마다 선생님들은 아이들이 잘 지내고 있는지 편지를 통해 확인하곤 했다. 그리고 우리도 방학 때 선생님께 편지를 보내는 게 예의라고 생각했는데, 그때 썼던 편지가 가장 '안부편지'다웠다.

'안부'란 어떤 사람이 편안하게 잘 지내는지, 그렇지 않은지를 묻는 일이다. 쉽게 말하면, '잘 지내고 있는지'를 묻고 알려주는 일이다. 음악 사이트에서 '안부'라는 단어를 넣고 검색해 보면 꽤 여러 개의 음악이 나온다. 그런데 안부에 관한 노래는 모두 슬프다. 그럴 수밖에 없는 것이 안부는 소식을 모르는 사람에게 전하는 것이기 때문이다.

우리는 흔히 자주 만나는 사람에게는 안부를 묻지 않는다. 그 사람이 어떻게 지내고 있는지 잘 알고 있기 때문에 굳이 물어볼 필요가 없는 것이다. 그래서 안부는 오랫동안 소식을 전하지 못했거나 연락을 하지 않았던 사람에게 전한다. 안부편지도 이와 마찬가지다.
안부편지란 한 마디로 '당신은 잘 지내고 있나요? 저도 잘 지내고 있어요'를 알려주는 편지다. 영화「러브레터」의 여주인공이 흰 눈으로 덮인 겨울 산을 향해, "오겡끼데스까? 와타시와 겡끼데스"라고 외치는 것처럼 말이다.

　안부편지는 서로의 편안함을 묻고 알리는 편지지만 그 안에는 특별한 의미가 있다. '내가 당신을 기억하고 있다'는 의미가 숨어 있기 때문이다.

한동안 소설가 윤성희 씨가 새로운 소설을 내면 같은 지인들이 내게 연락을 해왔다. 그중에는 아주 오랫동안 연락을 하지 못했던 사람들도 있었다. 그들은 나에게 드디어 소설을 쓴 거냐며 안부를 물어 왔지만 나는 아직 소설을 쓰지 못했다. 언젠가 소설가 이름에 명단을 올릴 날이 있을지도 모르겠지만, 소설가 윤성희는 나와는 동명이인일 뿐이다.

　그럼에도 불구하고 사람들이 연락을 해올 때 나는 무척 기뻤다. 그들이 '윤성희'라는 이름을 보고 나를 떠올렸다는 것, 내가 여전히 누군가의 기억 속에 살고 있다는 것에 마음이 따뜻해졌기 때문이다.

　누군가 당신에게 안부편지를 썼다면, 그것은 '그냥' 쓴 편지가 아니다. 그것은 그 사람의 기억 속에 당신과 함께한 추억이 떠올랐다는 뜻이다. 그가 당신과 함께했던 일을 떠올렸거나, 또는 그가 당신과 함께 갔던 곳에 갔거나, 아니면 당신과 함께 먹었던 음식을 그가 다시 먹게 되었다는 뜻이기도 하다. 어쩌면 당신과 함께 봤던 영화를 TV에서 다시 보게 되었거나, 아니면 당신과 함께 만났던 사람을 다시 만난 것일 지도 모른다. 그게 어떤 것이든 중요한 것은, 하나의 실마리가 그 사람의 마음 속에 살던 당신의 이름을 불러냈다는 것이다.

만약 누군가에게 안부편지를 받았다면 잊지 말자. 그 사람의 마음 속에 당신이 살고 있다는 것을.

안부편지는 잠든 추억을 깨우는 것

소설가 윤성희의 새로운 책 소식은 지인들에게 나에 대한 실마리를 제공했다. 그들은 '윤성희'라는 이름을 실마리로 생각하고 나에게 연락을 했던 것이다. 안부편지도 이와 비슷해서, 어디선가 불쑥 튀어나온 실마리를 잡을 때 쓰게 되는 편지다. 사진첩을 넘기다 함께 찍은 사진을 발견했다거나, 언젠가 함께 불렀던 노래가 라디오에서 흘러나올 때, 혹은 그 사람에 관한 소식을 잡지의 인터뷰 기사에서 발견했을 때, 우리는 안부편지를 쓸 수 있다.

삶의 어딘가에서 누군가를 떠올리는 실마리를 발견했다면 그것에 집중해 보자. 만약 사진첩에서 발견한 사진 때문에 편지를 쓰게 되었다면 그 사진이 어떤 사진이었는지, 그때 당신과 그 사람 사이에 무슨 일이 있었는지, 또는 그즈음의 당신과 그 사람은 어땠는지를 떠올려 보자. 둘이 함께 불렀던 노래를 라디오에서 들었다면, 당신과 그 사람이 그 노래를 함께 부른 이유를 생각해 보고, 그 노래의 의미를 떠올려 보자. 잡지의 인터뷰 기사에서 그 사람의 소식을 읽게 되었다면, 기사 내용을 인용해서 쓸 수도 있을 것이다.

지난해, 고등학교 때 선생님께 편지를 쓴 적이 있다. 커뮤니티 사이트인 밴드에 생긴 고등학교 모임에서 선생님의 소식을 접했던 터라 연락을 드리고 싶었다. 그러나 선생님이 나를 기억하실지 걱정이 되었다. 전화를 했다가 "누구?"라고 하면 그 민망함을 어떻게 감당할 것인가. 그래서 편지지를 꺼냈다.

> 안녕하세요? 선생님! 저를 기억하실지 모르겠지만,
> 저는 ○○고등학교 1회 졸업생 윤성희라고 합니다.
> '째깐'이라는 별명을 가지고 있었지요.
> 기억 너머 저편 어딘가에서
> 떠오르는 얼굴이 있는지요?

이렇게 시작된 편지는 내가 누구인가를 알리는 것으로 채워졌다. 고등학교를 졸업한 뒤 20여 년의 세월을 어떻게 살아왔는지 등, 내가 주인공이 되어 편지지를 가득 메웠다. 조만간 있을 모임 때 만나자는 끝인사를 마치고 날짜를 적은 후 다시 한 번 편지를 읽어봤다. 그런데 편지가 좀 이상했다.

선생님에 관한 얘기는 서너 줄밖에 없고, 온통 내 얘기뿐이었던 것이다. 아무리 선생님께 나를 인지시켜 드리고 싶었어도 이건 좀 아닌 것 같았다. 독자를 생각하지 않고 쓴 편지였던 것이다. 나는 이 편지를 그대로 보낼 수가 없었다. 7:3의 법칙이 거꾸로 적용된 편지였기 때문이다. 그래서 새로운 편지지를 하나 더 꺼낸 후 그 종이에 이번에는 내가 기억하고 있는 선생님과의 추억들을 쓰기 시작했다.

가끔씩 생각합니다.

선생님과 함께 만든 고교시절의 추억들을요.

고2 때였을 거예요.

여름 방학을 마치고 개학했을 때, 해외여행 다녀오신 선생님이 엽서 몇 장을 보여주셨죠. 해변에 있는 여자들이었는데, 그들 몸매가 완~전 짱! 뚱뚱한 여자들 사진 보여주면서 우리에게 너무 낙담하지 말라고 하셨죠.

그때 '화장실' 이야기도 해주셨던 것, 기억하세요? 유럽은 화장실에서 줄을 설 때 문 앞에 서는 게 아니라 선착순으로 일렬로 선다고요. 우리나라는 운 좋으면 늦게 온 사람이 더 빨리 볼일을 보지만 유럽은 오는 순서대로 한다고 말이에요.

선생님은 우리에게 어떤 게 더 좋을까?라고 물어보셨어요. 그때 친구들이 뭐라고 대답했는지 기억나진 않지만, 그날 이후 화장실에서 '한 줄 서기' 할 때마다 선생님을 생각했답니다.

스물 세 살 때, 프랑스에 가서 처음 '한 줄 서기'를 하면서, '아! 이게 선생님이 말씀하신 거구나…' 실감하기도 했죠.

요즘은 한국도 한 줄 서기를 하죠. 선생님이 더 자주 떠오르는 이유랍니다. 하하하

고1 소풍 때 선생님하고 같이 사진 찍었던 기억도 있고요.

고3 때던가요? 선생님 과목 시험이 영어로 나온 적이 있었어요. 영어로 묻고 영어로 답하는 거였는데, 무슨 소린지 알 수가 없었어요.

그래서 'Sorry! But I don't know'라고 써서 냈는데 답안지에 영어로 썼다고 선생님이 점수를 주셨지요. 그때 정말 감사했어요.

비가 오나 눈이 오나 바람이 부나! 점심시간 때면 어김없이 운동장을 뛰던 선생님 모습도 떠오르고,

부지깽이, 쟁반, 주전자 뚜껑… 들고 다니면서 영어사전 들고 다니는지 검사하시던 모습도 떠오르네요.
세월이 흘러 이렇게 함께 꺼내볼 수 있는 추억이 있다는 게 얼마나 좋은지 모르겠어요.
누군가 삶의 한 귀퉁이를 공유하고 있다는 것,
그건 정말 아름다운 일이지요?

선생님은 컴퓨터 관련 과목을 가르치셨다. 우리에게 대학생들이나 보는 원서를 복사해서 프린트물로 나누어 주셨고, 우리는 수업 때마다 그 원서들을 해석해서 읽어야 했다. 영어사전이 필수 준비물이었지만 무거운 사전을 날마다 들고 다닐 수가 없어서 학교 사물함에 넣어두기도 했지만, 사전은 학교에 있는 날보다 집에 있는 날이 많았다. 그래서 선생님 수업시간만 되면 옆 반으로 영어사전을 빌리러 다니곤 했다.

영어 선생님도 아니면서 영어로 읽고 쓰는 걸 시켰던 선생님은 몇 년 후 대학 교수로 자리를 옮기셨다. 나는 선생님이 근무하는 대학교의 홈페이지에 들어가 교수 명단에서 선생님의 이름을 찾은 후 선생님께서 근무하는 연구소의 주소를 받아 적고 편지를 보냈다.

며칠 후 선생님에게서 문자가 왔다. 국제적인 언어, 영어로 말이다.

Thank you for your letter,
And I am happy while in school.
Of course, Russian trip to remember

> I remember you,
> also had a great interest in my sure
> I would like to see you in Dec.
> From teacher her han. Good bye!

선생님의 문자를 보고 나는 피식 웃었다. 예나 지금이나 변함없는 선생님의 모습을 본 것 같았기 때문이다. 선생님이 20년 동안 영어를 사랑하고 계시듯, 나 또한 20년 동안 변함없이 영어 울렁증에 시달리고 있기에 나는 바로 한국말로 짧은 답 문자를 보냈다.

안부편지는 '잠든 추억을 깨우는 것'이다. 둘 사이에 잠들어 있던 추억들을 깨우고 그때의 이야기들을 다시 공유하는 것이다. 그래서 안부편지를 쓰다보면 과거로 여행을 떠나게 마련이다. 그러나 과거의 이야기만 꺼내놓으면 지금의 근황을 전하기가 힘들어진다. 더욱 자연스러운 흐름으로 안부편지를 쓰려면 과거와 현재를 적절히 분배할 줄 알아야 한다.

두 사람의 추억을 꺼내 과거여행을 마쳤다면, 이제는 현재의 공간으로 돌아와 나의 근황을 이야기해 보자. 내게 요즘 어떤 일이 일어나고 있는지, 또는 어떤 생각을 가지고 어떻게 살아가고 있는지를 알려주자. 그러나 나의 안부를 전한다고 해도 7:3의 법칙은 지켜야 한다. 안부가 '자신의 소식을 전하는 것'이라고 착각하고 자신의 안부만을 늘어놓으면 곤란한 것이다. 내가 선생님께 썼던 편지에 내 이야기만 잔뜩 늘어놓았던 것처럼, 보내는 사람의 이야기만 쓰면 곤란하다는 뜻이다.

안부란 서로의 소식을 묻고 알려주는 것이다. 그래서 나만의 안부가 아닌 상대방의 안부도 중요하다. 그리고 편지를 읽는 사람은 당신의 안부가 궁금하지 않을지도 모른다. 편지를 받는 사람에게 관심이 있는 것은 오로지 자신이 들어가 있는 추억이다. 단체사진 속에서 자기를 가장 먼저 찾는 사람! 그게 바로 우리 모두의 모습이라는 것을 잊지 말고, 안부편지를 쓴답시고 내 안부와 근황만을 쓰는 실수를 범하지 말자.

SNS에서 찾은 실마리로 보낸 편지

내가 생각하는 페이스북의 장점은 오랫동안 연락이 단절되었던 사람들을 되찾아 준다는 것이다. 그만큼 나는 페이스북을 통해 많은 친구들을 되찾았고, 그 때문에 관계를 지속시킬 수 있었다. 페이스북을 통해 다시 만난 사람들은 대개 20대 때 함께 활동하던 사람들이다. 젊음을 바쳐 함께 활동하던 사람들을 온라인 공간에서 다시 만난다는 것은 매우 반가운 일이었다. 그래서 나는 이들에게 안부편지를 쓰곤 했다. '좋아요' 버튼만으로는 전할 수 없는 이야기들을 손편지에 적어 보낸 것이다. 정훈이에게 보낸 편지도 그런 편지였다.

정훈이와 나는 2000년대 초반에 청소년들이 보는 가톨릭 주보를 함께 만들었다. 필자들이 보내는 원고를 함께 고치기도 했고, 원고를 직접 작성하기도 했다. 정훈이는 편집부의 막내로 이제 갓 대학교를 입학한 새내기였다. 말수가 많지 않았지만 제 할 일은 척척 해내는 책임감 있는 후배였다.

나는 첫째 아이를 임신하면서 주일학교 교사를 그만두었고, 후배들을 통해 정훈이가 학원에서 아이들을 가르친다는 이야기를 들었다. 그런데 시간이 지난 후 페이스북에서 만난 정훈이는 카페의 매니저가 되어 있었다. 커피를 좋아했던 내겐 무척 반가운 소식이었다. 나는 정훈이가 올리는 예쁜 커피 사진을 보면서 언젠가 그 카페로 찾아가리라 마음먹었지만 시간을 내기가 쉽지 않았다. 그래서 직접 찾아가지 못하는 마음을 편지에 적어 정훈이에게 보냈다.

> 정훈아!
> 완전 반갑지?
> 페이스북에 올라오는 네 글을 읽으면서 네가 사는 모습을 조금씩 엿보는 기분이었어.
> 우리 정훈이가 어느새 이렇게 커서 카페 매니저도 되고. 세월 참 빠르다! 혜화동 센터에서 원고 교정보며 웃고 떠들던 때가 엊그제 같은데 말이야. 그래도 그 시간들은 참 아름다웠어. 돌아보니 그 시간이 '축복'이었더라고. 사람들을 만나 우정을 나누었으니까. 그 시간 안에서 너를 만난 것도 특별한 선물이 아니었을까 생각해.
> 네가 올리는 카페 사진 보면서 한 번 가보고 싶다는 생각을 했는데 마음처럼 쉽지가 않구나. 그래도 꼭 한 번 찾아가서 네가 내려주는 커피를 마실 테야. 난 달달한 카페모카 좋아해.
> 길 끝에 서 있는 이 가을 낭만 있게 보내고, 우리는 삶의 어느 모퉁이에서 다시 만나자.
> 우리의 우정도 쭈욱 계속되기를 바라며 이만 줄일게.

나는 정훈이에게 함께 했던 시간들이 참 좋았다는 것을 알려주고 싶었다. 일에 치이면서도 꼭 짬을 내서 뒷풀이를 하고 마음을 나누었던 그 시절이 좋았다고 말이다. 편지를 쓰고 정훈이가 근무한다는 카페의 주소를 검색한 후 인터넷으로 검색한 주소를 봉투에 적으면서 몇 번이나 다시 확인을 했다. 뜬금없이 보낸 이 편지가 꼭 정훈이의 손에 배달되기를 바랐기 때문이다.

뜻밖의 편지를 받은 정훈이는 카페로 나를 초대해 주었다. 내가 좋아하는 달달한 카페모카를 만들어 주겠다고 말이다. 그러나 나는 아직 그가 내린 커피를 마시지 못했다. 편지를 보내고 정훈이가 일하는 목동까지 갈 시간, 혹은 마음의 여유가 없었기 때문이다. 게다가 나는 얼마 전 커피를 끊었다. 이제 정훈이가 타주는 카페모카는 마실 수 없지만, 그럼에도 불구하고 나는 정훈이를 찾아가 볼 생각이다.

새내기 대학생이었던 정훈이가 얼마나 자랐는지 직접 확인하고 싶기도 하고, 그가 '어른'으로 살아가는 모습도 보고 싶다. 그리고 카페에는 커피만 있는 게 아니니까, 이왕이면 가장 비싸고 맛있는 음료를 만들어 달라고 할 셈이다. 편지 한 통 보내고 참 많은 걸 바라는 것 같지만, 손편지는 그렇게 호기를 부려도 좋을 만큼 받는 사람에게 기쁨을 준다는 것을 나는 너무나 잘 알고 있다.

한두 번 만난 사람에게 보내는 안부편지

우리가 모든 사람과 함께 나눌 추억들을 갖고 있다면 안부편지 쓰기는 그렇게 어렵지 않을 것이다. 둘 사이에 있는 추억보따리를 풀어놓으면 되니까 말이다. 그러나 삶이란 그렇게 단순한 게 아니다. 새로운 사람을 만나 인사를 건네야 할 때도 있고, 단 한 번만 만난 사람과 관계를 맺어야 할 때도 있다. 전혀 모르는 관계는 아니지만, 그렇다고 딱히 꺼내놓을 추억이 있는 것도 아닌 사이. 이런 관계의 사람에게 편지를 쓰는 것은 쉽지 않은 일이다. 그렇지만 방법이 아예 없는 것도 아니다. 해답은 역시 편지를 받는 사람에게 있다.

나는 만난 지 얼마 되지 않은 사람들에게도 편지를 쓴다. 새로운 사람을 만나면 만난 지 3일 안에 편지를 쓰려고 노력하기 때문이다. 그 사람이 나를 기억했으면 하는 바람도 있고, 나를 만나기 위해 시간을 내준 상대방에게 감사의 의미를 전달하는 뜻도 있다.

지난해 가을, '나눔'에 관심 있는 사람들과 브런치 모임을 한 적이 있었다. 모두 처음 만나는 사람들이었고, 서로에 대해 아는 게 없었다. 명함을 주고받으며 저마다 간단히 하는 일들을 소개했다. 내 옆자리에는 장 부장님이 앉아 있었는데 동글동글한 얼굴에 서글서글한 인상이었다. 가까이 앉아서 이런저런 이야기를 나누다가 손편지에 관한 이야기가 나왔다. 장 부장님은 손편지를 받아본 적이 언제인지 모르겠다며, 옛날에는 참 많이 썼는데 요즘은 희귀한 일이 되어 가고 있다고 안타까워하셨다.

    나는 집으로 돌아와 장 부장님께 편지를 썼다. 처음 만났으니 함께한 추억이 그리 많지는 않았지만, 함께 나누었던 이야기들이 좋은 글감이 되었다.

한두 번 만났어도 안부를 묻는 일도 있습니다.
이렇게 긴 인연의 시작이 됩니다.

장 부장님!
깜짝 놀라셨죠? 백만 년 만에 받아보는 엽서.
저는 브런치 모임에서 만났던 윤성희예요.
나눔 덕분에 좋은 분들을 만날 수 있어서 참 즐거운 시간이었어요.
덕분에 부장님도 만나고!
옆에 앉아서 부장님과 이야기 나누면서 참 좋았어요.
같은 생각을 가진 사람들과 마음을 나누고 생각을 나누는 시간이
제겐 참, 뭐랄까, 반짝반짝 빛나는 시간이었다고나 할까요?
새로운 인연들과 따뜻한 관계를 맺은 것 같아서 감사했답니다.
부장님하고 이야기를 하면서 광고회사에 사회공헌사업부가 따로 있다
는 게 참 새로웠어요. 그만큼 세상이 '나눔'에 관심을 많이 갖고 있다는
것을 실감했답니다.
저도 무엇을 나눌 수 있을까 더 많이 고민해 봐야겠어요.
오늘 부장님 만나서 즐거웠어요.
오늘의 만남이 깊은 우정으로 이어지길 바라봅니다.
가을의 끝인 이 길에서 잃어버린 낭만도 만나시고
새해 계획도 멋지게 세우시길 바랄게요.

한두 번 만난 사람에게 보내는 안부편지는 깊이 아는 사이보다 더 중요하다. 나에 대한 이미지가 편지로 인해 인식될 수 있기 때문이다. 이런 관계의 사람에게 편지를 쓸 때는 둘이 나눈 이야기들을 떠올리면 쉽게 실마리를 잡을 수 있다. 명함을 이용하는 것도 좋은 방법이다. 명함에 있는 회사 홈페이지도 검색해 보고, 기사들도 검색해 읽으면서 실마리를 찾을 수 있다. 특히 많은 사람들을 한꺼번에 만났을 때 명함은 관계를 만드는 중요한 수단이 된다.

손편지 강의를 할 때는 몇십 명의 사람들을 한꺼번에 만나게 된다.

안부묻기의 실마리는 바로 명함에 메모하는 것입니다.
이것이 안부편지 쓰기의 첫 걸음입니다.

그리고 강의가 끝나면 똑같은 스타일의 양복을 입은 사람들이 내게 와서 명함을 건넨다.

똑같은 회사에 근무하는,

똑같아 보이는 사람들이 주는,

이름만 다른 명함들.

그래서 나는 그 명함을 적극적으로 활용한다. 사람들이 명함을 건네며 전하는 이야기들 중에서 키워드 하나씩을 명함에 적는 것이다. 아무 말도 하지 않고 명함만 주고 가는 경우에는 아무것도 적지 않는다. 그 사람과는 대화를 하지 않았다는 뜻이기 때문이다.

강의가 끝나고 집으로 돌아와 나는 그들에게 편지를 쓴다. 명함에 적은 키워드들을 활용해서 그 사람과 나누었던 이야기들을 떠올리며 편지에 적는 것이다. 아무리 키워드를 적었다고 해도 3일이 지나면 그 내용이 무엇인지 기억해 내기가 쉽지 않다. 그래서 처음 만나는 사람들에게 편지를 보낼 경우에는 꼭 3일 안에 보내려고 노력한다.

편지에는 그들이 내게 건넨 이야기들을 적는데, 중요한 얘기든 사소한 얘기든, 그들이 건넨 이야기로 편지지를 채우면 받는 사람은 매우 기뻐한다. 누군가 자기를 기억하고 있다는 것에 감동을 받기 때문이다.

안부편지의 핵심은, '당신을 기억하고 있다는 것을 알리는 것'이다. 그 사람과 함께한 추억들을 떠올리든, 그 사람과 나눈 이야기를 떠올리든, 내가 그 사람을 기억하고 있다는 것을 알리는 것이 핵심임을 잊지 말자. 아무리 작은 것일지라도 받는 사람과 연결된 고리를 보여주면 받는 사람은 당신을 특별하게 생각할 것이다.

안부를 전한 편지들

20대 때 만난 친구에게 보낸 편지

지난 봄, 페이스북에 올라온 글을 보다가 20대 때 만났던 친구의 글을 읽게 되었다. 눈이 너무 뻑뻑해서 인공눈물을 넣었더니 기분까지 '센치해진다'는 내용이었다. 그 친구와 나는 20대 초반 가톨릭 주일학교 교사들의 모임에서 만났는데, 그 친구도 나도 교사를 그만두면서 연락이 끊기게 되었다. 10년이 넘는 세월 동안 연락을 하지 못하다가 우리는 페이스북을 통해서 다시 '친구'가 되었다.

친구와 나는 서로의 글로 상대방의 근황을 파악하며, '좋아요'를 누르거나 댓글을 달면서 근황을 알고 있던 터였다. 그런데 그날은 문득 이 친구에게 편지를 써야겠다고 생각했다. '센치하다'는 그녀의 글에서, '빨간코트'를 입고 있던 그녀가 떠올랐기 때문이다.

편지를 쓰기 전에 우선 나는 그동안 그녀가 올린 글들을 떠올렸다. 아이들과 함께 군산으로 여행을 갔었고, 직장도 집 근처로 옮겼다고 했다. 그리고 때때로 힘들고 지치기도 한다고 했다. 나는 엽서를 꺼내, 과거와 현재와 미래를 잇는 글을 쓰기 시작했다.

> 혜선아! 안녕?
> 작년부터 너에게 엽서를 써야지 했는데, 이제야 펜을 들게 되었다.
> 혜화동에서 빨간색 코트 입고 다닐 때가 엊그제 같은데 벌써 우리가 중년이 되고 있구나. 그래도 마음만은 언제나 '청춘'이라 생각하고 싶다.
> 집 가까이로 회사를 옮겼다고 했는데, 조금은 색다른 일을 하는 기분이 어떠니? 아이들과 여행도 자주 가는 것 같고, 네 삶도 나름 알차게 살고 있는 것 같아서 좋아 보여.
> 삶의 순간순간 고비도 있겠지만 그런 것조차 없으면 너무 쉬울 테니, 우리 그런 순간들도 즐기며 살자꾸나.
> 너로 인해 네가 근무하는 병원이 많은 사람들에게 사랑받는 병원이 되리라 믿는다.
> 세상에 봄이 오고 있으니 네 마음에도 봄이 활짝 피어나길 바랄게.

혜선이는 빨간색 코트를 자주 입고 다녔다. 분명 다른 옷을 입었을 때도 많았을 텐데, 내 기억 속에서 그녀의 모습은 언제나 빨간색 코트를 입고 있었다. 나는 편지를 쓰면서 그때의 기억들이 떠올랐다. 그래서 빨간색 코트 이야기를 꺼냈고, 나머지 글들은 그녀가 페이스북에 올린 것들로 채웠다. 직접 만나 이야기를 나누지는 못했지만, 그래도 내가 그녀를 기억하고 있다는 것을 알려주고 싶었다.

편지를 보내고 얼마 뒤, 그녀를 만날 일이 있었다. 앞서 보낸 편지 때문이었는지, 오랜 공백이 느껴지지 않았다. 마치 어제도 이야기를 나눈 사이처럼 우리는 친근하게 이야기를 나눴다. 페이스북을 통해서 알게 된 근황이 우리의 어색함을 덜어준 것도 있었겠지만 나는 짧은 손편지가 서로의 마음을 더 친밀하게 엮었다고 믿는다. 손편지가 나를 대신해서 그녀를 먼저 만났기 때문이다. 실제로 만나지 않은 사람도 '만난 것 같은 느낌'을 주는 건 손편지의 또 다른 힘이다.

고등학교 동창에게 보낸 편지

친구 혜경이는 고등학교 동창이다. 그녀와 나는 1학년 때 같은 반이었는데, 그녀는 무척 키가 컸다. 나는 키가 작아 2번이었는데, 그 친구는 마지막 번호인 53번이었다. 우리 둘이 나란히 서 있으면 마치 고목나무에 매미 같았다. 나는 키 큰 혜경이가 부러웠고, 혜경이는 아담한 나를 부러워했다.

    졸업 후에 혜경이는 모 호텔에 취직을 했고 나도 취직을 하면서 자연스럽게 서로 연락이 끊겼다. 그래도 나는 광화문에 있는 그 호텔 앞을 지날 때마다 혜경이를 떠올렸다. 나보다 키가 정말 많이 컸던 친구 혜경이. 그 친구는 잘 지내고 있을까, 그녀가 문득 궁금했다.

커뮤니티 사이트에 고등학교 모임이 생긴 이후, 나는 그녀를 다시 만났다. 나의 작은 키가 여전하듯, 그녀의 큰 키 또한 여전했다. 통신회사에서 영업 부문 일을 하고 있는 그녀는 무척 당차 보였다. 하긴, 그녀는 고등학교 때도 언제나 씩씩했다. '키 큰 사람은 싱겁다'는 얘기가 그녀에겐 해당되지 않았다. 그녀는 언제나 열정으로 똘똘 뭉쳐 있었고, 말도 똑 부러지게 잘했다. 그런데 그날 나는 그녀를 만나 새로운 사실을 하나 알게 되었다. 그녀가 고등학교 때 학교 다니는 게 너무 힘들어서 자살을 생각했다는 것이다. 그녀의 이야기를 듣는데 남일 같지가 않았다. 나 또한 더 이상 추락할 곳이 없는 성적표를 보면서 차라리 이대로 죽고 싶다는 생각을 한 적이 있었기 때문이다. 그런 동질감 때문이었을까. 나는 그녀를 만나고 돌아와서 편지를 썼다.

> 혜경아!
> 오랜만에 (20년 만에!) 만났는데도 어제 만났던 것처럼 참 편한 친구!
> 오래전 네가 근무하던 호텔을 지나가면서 생각만 했던 친구를 다시 만나게 돼서 기쁘다. 씩씩하던 모습은 변하지 않았더구나.
> 네 말대로 악착같이 살다보니 그렇게 되었는지도 모르지만, 네 삶에 충실한 모습 참 좋아.
> 회사생활이 많이 답답하고 스트레스도 많이 받는 일이지만, 그래도 그렇게 열정을 불사를 수 있다는 건 좋은 걸거야. 우리가 곧 중년이긴 하지만 그래도 우린 청춘이잖아.
> 학교에 다닐 땐 삶이 우울했는데 지나고 보니 그것도 참 아름다운 추억이 되더라. 그때 나만 힘든 줄 알았는데 너도 그랬다니 급! 반가웠어.
> 화성과 서울, 거리가 좀 있긴 하지만 자주 마음 전하며 살자.
> 널 다시 만나게 되어 진짜 좋아.

나는 이 편지를 이탈리아에서 구입한 엽서에 써서 보냈다. 그러면서 추신에 '언젠가 함께 이탈리아 콜?'이라고 적었다. 편지를 받은 혜경이는 나에게 이렇게 문자를 보내왔다. '성희야! 이탈리아 콜이다. 무조건 콜이다! 그리고 너의 손편지는 굉장히 감동적이었어'라고 했다.

내가 혜경이와 이탈리아를 가게 될지 못 가게 될지는 아직 모르겠다. 그러나 함께 '언젠가'를 꿈꿀 수 있다는 설렘을 가지게 되었다. 정말 언젠가 혜경이와 이탈리아를 가게 된다면 그곳에서 다시 그녀에게 편지를 써야겠다. 우리가 진짜 이탈리아에 왔다고, 그때 보낸 편지가 여행의 씨앗이 되었다고 말이다.

모임에서 만난 분께 보낸 편지

원지혜 선생님은 나눔 모임을 통해서 만난 분이다. 우리는 나눔에 관심이 있고, 공부하려는 사람들이 만나는 '나눔 인문학'이라는 강의에서 만났다. 강의를 준비한 선생님이 초등학교 교사 출신이어서 강의를 듣는 분들 중에 초등학교 교사들이 많았는데 원지혜 선생님도 초등학교 교사였다.

원지혜 선생님을 처음 본 건 다른 모임에서였다. 강의가 아닌 모임 자리에서 그분을 처음 만났을 때 선생님은 참 인상적이었다. 하얀색 원피스를 입고 있었는데, 그 모습이 마치 '여신' 같았기 때문이다. 첫인상이 그 사람의 모든 것을 좌우하지는 않지만 원 선생님은 내게 좋은 인상을 남겼다. '나눔 인문학'을 통해 네 번의 만남을 가진 뒤, 나는 선생님께 편지를 보냈다. 선생님을 처음 봤을 때의 인상과, 강의 때 함께 나누었던 토론을 떠올리며 편지지를 채웠다.

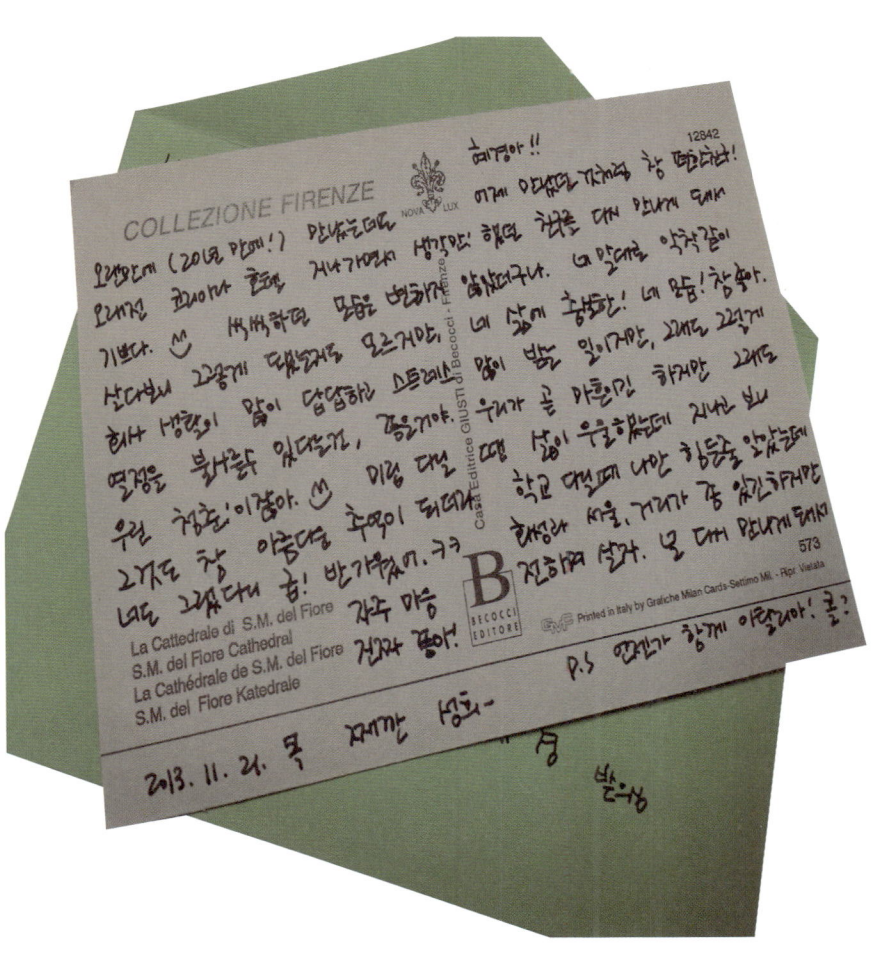

오랜만에 만난 친구와 함께
이탈리아 여행을 꿈꾸며…

원지혜 선생님!
그동안 잘 지내셨는지요? 전 '나눔 인문학' 함께 들었던 윤성희예요.
마지막 날 나눔 할 때 함께 이야기했었지요?
선생님은 예전에 '말랑'에서 나눔 모임 할 때 뵈었는데 기억하세요?
그날 굉장히 예쁜 옷을 입고 오셔서 눈에 딱 띄었어요.
그 후 다시 '나눔 인문학'을 통해 만나게 되어 반가웠습니다.
하루 종일 아이들과 함께 생활한다는 건 어떨까요?
생각만으로도 힘든 일인데, 선생님은 '업'으로 삼고 계시니 정말 대단한 것 같아요.
지난번에 얘기했던 것처럼 경험 부족으로 당황스러울 때도 있겠지만 그래도 지금의 선생님 모습으로도 누군가에게는 훌륭한 선생님일 수 있다는 것, 잊지 마세요.
시간을 타고 다니면서 더 깊은 내공을 쌓으시고, 아이들과 진심으로 교감하는 선생님이 되시길 기원하겠습니다.
우리의 인연도 계속 쭈욱~ 이어지길 바라며 이만 줄일게요.
멋진 가을! 보내시길 바라겠습니다.

편지를 받은 원지혜 선생님은 베트남 여행 때 구입했다는 엽서에 답장을 보내왔다. 학교로 도착한 편지를 아이들과 함께 읽었는데 아이들이 손편지를 참 신기해했다고 했다. 그리고 아이들과 함께 손편지를 써봐야겠다며, 이런 것이 바로 살아 있는 교육인 것 같다고 흐뭇해하셨다.

원지혜 선생님의 편지를 읽으면서 마음이 따뜻해졌다. 선생님께 보낸 한 통의 편지로 어느 초등학생들이 손편지를 쓰게 되었다는 사실이 좋았기 때문이다. 아이들도 편지를 쓰면서 알게 되지 않을까? 손편지가 마음을 나누는 최고의 선물이라는 걸 말이다.

강의 때 만난 분께 보낸 편지

정승찬 씨는 내가 '사람의 마음을 사로잡는 편지'라는 강의를 하면서 만난 분이다. 그때 정승찬 씨는 강의실 오른쪽 맨 앞자리에 앉아서 두 눈을 동그랗게 뜨고 강의를 듣고 있었다. 문득 그분의 책상 위에 올려진 펜을 보니 내가 쓰는 라미 만년필과 같은 것이었다. 그래서 나는 그분을 '라미'로 기억해야겠다고 생각했다.

강의가 끝나고 그가 내게 명함을 주며 인사를 건넸다. 나는 그가 건넨 명함에 내가 하던 방법대로 '라미'라고 적었다.

강의가 끝난 후 교육생들과 함께 식사를 하러 갔다. 정승찬 씨는 내 옆자리에 앉았고 우리는 이런저런 이야기를 나누었다. 아들에 관한 이야기, 편지에 관한 이야기를 하다가 '자연'에 관한 이야기를 했는데 그것은 자연 속에서 평화롭게 살고 싶다는 이야기였다. 정승찬 씨도 이야기를 거들었는데 아내가 네팔에 가고 싶어한다며 그곳에서 조용하게 사는 삶을 꿈꾼다고 했다. 나는 그분이 한 이야기들을 머릿속에 기억했다. 그리고 집으로 돌아와 명함을 주신 분들께 편지를 쓰면서 그분께도 편지 한 통을 보냈다.

> 정승찬 님
> 강의 때 책상 위에서 '라미'를 보는 순간,
> 와우! 반가워라~ 했어요.
> 저도 라미펜 좋아하거든요. 잘 써지기도 하고,
> 제가 첫아이를 낳고 생일을 맞이했을 때
> 남편이 사준 펜이 라미였어요.
> 펜 선물을 받았을 때 '이 펜으로 계약서에 사인하리라' 했는데
> 정말 꿈같던 말이 현실이 되기도 했답니다.
> 식사할 때 얘기하셨던 것처럼
> 상대방을 배려하면서,
> 눈높이에 맞추어 편지나 쪽지를 쓰다 보면
> 그 사람도 나도 변해가는 걸 느낄 수 있을 거예요.
> 네팔에 가고 싶어하신다는 아내분과 열 살 꼬마아이와
> 행복한 가정 만들며 살아가시길 바라겠습니다.
> 봄이니까 정승찬 님도 활짝!

이 편지를 보낼 때 정승찬 씨와 나는 친한 관계가 아니었다. 강의 때 한 번밖에 보지 못한 상태였고, 그날 나눈 이야기가 우리 추억의 전부이기도 했다. 그럼에도 내가 어렵지 않게 편지를 쓸 수 있었던 것은

'라미 만년필'이라는 공통점 때문이었다. 그리고 그날 나누었던 이야기들이 좋은 재료가 되어 주었다.

한두 번 만난 사람에게 편지를 쓸 때는 그 사람과 나의 공통점을 찾아보자. 만약에 그게 어렵다면 그 사람이 좋아하는 것, 그 사람과 나눈 이야기를 꺼내 놓으면 된다. 어떤 편지든 받는 사람의 입장을 생각해서 쓴다면, 분명 당신의 이름 앞에 '감동'이라는 수식어가 붙을 것이다.

 # 존재의 의미를 알려주는 감사편지

감사편지의 힘

미국에서 변호사로 활동하는 한 남자가 있었다. 그는 오랜 시간 법조계에서 일을 했지만 삶이 순탄치 않았다. 그가 운영하는 변호사 사무실은 망해가고 있었고, 결혼생활은 파경을 맞기도 했으며 자녀들과의 관계도 안 좋을 뿐만 아니라 이혼 후 새로 시작한 연애도 끝을 보이고 있었다. 그야말로 모든 것이 엉망이었다. 그는 이 난국을 어떻게 헤쳐가야 할지 막막하기만 했다.

새해를 맞이하던 날 아침, 그는 혼자서 산에 올랐다. 출구가 보이지 않는 미로 속에 갇힌 기분이었다. 그러다 길을 잃고 말았는데 그때 어디선가 소리가 들렸다.

"네가 가지고 있는 것들에 감사하는 법을 배울 때까지 네가 원하는 것을 얻지 못할 것이다."

이 말은 그가 어렸을 때 할아버지가 해 준 말씀이었다. 그는 왜 하필 길을 잃은 산속에서, 그것도 모든 것이 엉망이라고 생각되는 이때에 이런 말이 다시 들렸는지 알 수 없었다. 그러나 그는 문득 끝이라고 생각했던 길에서 '감사'하는 삶을 살아가기로 마음먹었다. 여전히 은행 잔고는 점점 줄어들고 있고, 인간관계를 포함한 모든 것이 엉망이었지만, 그는 감사하는 법을 배워 보기로 결심한 것이다.

그 후 그가 시작한 것은 바로 '감사편지'를 쓰는 일이었다. 추락하고 있는 삶을 살면서 누구에게 뭘 감사해야 할지 막막했지만, 그는 아주 작은 것들부터 생각해 보았다. 생일에 선물을 보내온 아이들, 늘 친절하게 주문을 받아주는 스타벅스 점원, 몇 년 전 병을 치료해 주었던 의사, 헤어짐의 길을 걷고 있지만 그래도 따뜻하게 대해 주었던 연인, 대학시절에 대립각을 세웠던 친구, 사무실의 복잡한 서류들을 정리해 주는 직원 등, 그동안 그가 놓치고 살았던 모든 인간관계를 떠올리며 그들에게 감사편지를 썼다.

1년여의 세월이 흐르고, 그가 365번째 편지를 보냈을 때, 이제 그의 삶은 완전히 달라져 있었다. 사업은 번창했고, 자녀들과의 관계는 회복되었으며, 친구들과의 관계는 다시 돈독해졌다. 그리고 얼마 후 그는 캘리포니아 주의 대법원 판사가 되었다.

절망의 끝에서 '감사'를 선택하고, 365통의 편지를 쓴 존 크랠릭. 이 이야기의 주인공인 그는 저서 『THANK YOU 365』에서 누군가에게 쓰는 '감사편지'가 우리의 삶을 바꾼다고 말하고 있다. 앞이 보이지 않는 어두운 인생길에서 어둠을 밝혀주는 등이 있다면 그것은 바로 '감사'라고 말이다.

실제로 누군가에게 감사편지를 쓰면 삶이 달라진다는 연구보고서가 있다. 김경미와 조진형이 쓴 논문인 「보육교사 교육생의 감사편지

쓰기 효과』에 따르면, '감사편지 쓰기는 행복 및 심리적 자원을 증진시키는 효과적인 활동이며, 더불어 심리적·신체적인 자원을 확장하는 역할을 하는 것이 확인된다'고 한다. 이는 감사편지를 쓰는 것만으로도 편지를 쓰는 사람의 행복도가 올라간다는 뜻이며, 자신의 삶을 긍정적으로 생각하게 된다는 의미다.

존재의 의미를 알려주는 편지

감사편지를 쓰는 사람의 행복도가 높아진다면 받는 사람은 어떨까? 받는 사람의 행복도도 올라갈까? 아쉽지만 감사편지를 받는 사람의 행복도에 관한 연구결과는 아직 찾지 못했다. 그러나 나의 경험에 비추어 보면 감사편지를 쓰는 사람 못지않게 받는 사람의 행복도 또한 올라간다고 힘주어 말하고 싶다. 왜냐하면 '감사편지'를 받는다는 것은 '누군가 내 존재의 의미를 알고 있다'는 뜻이기 때문이다.

한동안 슬럼프에 빠진 적이 있었다. 진행하려던 일이 틀어지고, 강의도 줄줄이 취소되던 때였다. 손편지로 세상을 좀 더 따뜻하게 변화시키고 싶었지만, 아직 갈 길이 멀다고 느꼈다. 한 걸음 떼기가 힘들다고 생각했고, 결국 손편지가 무슨 세상을 바꿀 대단한 혁명도구인가 의구심이 들기까지 했다. 모두가 부질없어 보이기 시작했다.

자꾸만 숨고 싶었고 조용히 살고 싶었다. 아침마다 아이들을 내보내고 나면 어김없이 우울감이 찾아왔다. 책상 앞에 앉았지만, 아무것도 읽지도 쓰지도 못하는 날들이 많았다. 그러던 어느 날 아침, 세 통의 편지가 도착했다. 강의 때 만났던 교육생, 내가 믿고 의지하는 선배, 직장을 잃었다가 새로 취직한 후배가 보낸 편지들이었다.

윤성희 강사님께
저는 선생님의 강의를 들은 김현복입니다.
항상 아쉬움이 많은 저의 영업에서
선생님의 강의는 한 줄기 오아시스였습니다.
정말 많은 감동을 받았습니다. 감사합니다.
영업을 하면서 항상 한계라는 것에 직면했고
고객들과 더 많은 이야기들을 나누지 못했던 것 같습니다.
전 제가 굉장히 감성적인 사람이라는 것을 알았습니다.
선생님의 문구나 강의들에 매우 큰 감동을 받았거든요.
꼭 영업적인 툴로서 사용한다는 것보다,
소통의 수단으로 더 많은 공감과 소통을
주위 분들과 나누고 싶습니다.
수업이 끝나고 제가 선약이 있어서
선생님께 인사도 못 드리고 먼저 나갔습니다.
절 기억하실지 모르겠지만 기억해 주세요.
좋은 강의 감사했습니다.

P.S 두 아이의 엄마이신 선생님의 열정을 저도 배우겠습니다.

안녕?
늘 어떤 것에든 열심인 네가 예쁘고 좋다.
그 열정 잃지 않고 살아가길 기도해.
끊임없이 보내준 편지와 엽서들 정말 고마워!
나도 무언가로 보답하고 싶었는데 마침 우리 박물관에서 기획전시 때 도록을 만들었는데 엽서처럼 제작을 했네.
작게 액자를 만들어 예쁠 듯해.
네 생각이 나서 보낸다. 너라면 유용하게 쓸 것 같아서.
오늘은 날이 흐리네.
그래도 좀 있으면 꽃도 피고 새순도 나올 듯.
내 인생도 그렇길 소망해 보네, 올 봄엔 ^^
잘 지내고 신랑한테 안부 전해주고.
예쁜 아들, 딸도 보고 싶다.
그럼 또 연락하자. 안녕.

고마운 사람에게 쓰는 감사편지는
고마운 마음을 전하는
최고의 도구입니다.

언제나 나의 편에 서서, 나를 믿어주는 언니.
이번에 내가 힘들 때마다 전화해 주고 예쁜 엽서어 위로의 말, 축하의 말!
자신의 일처럼 함께 기뻐해 준 언니에게 정말 뭐라고 감사의 마음을 전해야 할지 모르겠어요.
책 읽기도 글쓰기도 손편지도 좋아하지만 언니 볼 때마다 정말 존경스럽다는 생각 많이 해요. 저한테 '넌 못하는 게 뭐니?'라고 묻지만 언니야말로 작가이며 노래도 잘하고 강의도 잘하고 사람도 잘 챙기고….
언니의 말과 글, 격려로 제 자존감이 확 높아졌어요.
칭찬의 힘!
고래도 춤추게 한다는 언니의 따뜻한 말의 힘이 정말 제가 그렇게 되도록 이끌어 준 것 같아요.
'1월 안에 될 거야!', '넌 크게 될 거야!', '잘될 줄 알았어!'
용기의 말! 위로의 기도와 나에 대한 기대, 돌아오지 않는 메아리에도 또 한 번의 '야호'를 외친 언니. 정말 고맙고 격하게 감사해요.
저도 언니의 건강과 가정의 평화,
하고자 하는 일에 용기와 행복 바이러스 전해요.
-늘 고마운 미숙이 드림-

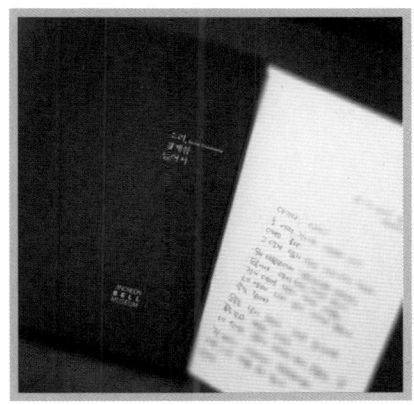

감사편지를 받는다는 것은
누군가 내 존재의 의미를
알고 있다는 뜻입니다.

나는 이 세 통의 편지를 읽으면서 펑펑 울었다. 슬픈 내용은 하나도 없었지만, 누군가 나를 인정해 주고 있다는 느낌에 위로를 받았기 때문이다. 난 그저 손편지를 통해서 사람들이 더 따뜻하게 소통하기를 바랐고, 내가 믿고 의지하는 선배에게 내 마음을 적어 편지를 보냈을 뿐이다. 그리고 직장을 잃고 힘들어 하는 후배가 자신을 믿고 다시 시작하기를 바랐을 뿐이었는데, 그들은 나에게 감사편지를 통해 '존재의 의미'를 부여해 주었다.

그들의 편지를 읽으며, 나는 큰 위로를 받았다. 그리고 내가 꽤 괜찮은 사람이라는 생각이 들었다. 물론 나는 그들이 말한 것처럼 그렇게 대단한 사람은 아니다. 아직 많이 어설프고, 배워야 할 것도 많은 사람이다. 그러나 누군가 나를 좋게 생각하고 있다는 것, 내가 한 어떤 행동이 한 사람의 가슴에 닿았다는 것이 내 존재에 의미를 부여해 주었다.

프란치스코 교황이 말했다. "내가 단 한 사람이라도 더 나은 삶을 살도록 도울 수 있다면 그것만으로도 내 인생이란 선물이 이유가 있음을 증명하기에 충분하다"고 말이다. 하루아침에 세 통의 감사편지를 받으면서 나는 이 말에 깊이 공감했다. 그리고 내가 누군가의 삶을 조금 더 풍요롭게 했다는 데 큰 감동을 받았다.

감사편지는 쓰는 사람과 받는 사람 모두의 행복지수를 높여준다. 쓰는 사람은 자신의 감정을 솔직하게 표현함으로써 '빚을 졌다'는 마음을 덜게 해주고, 받는 사람은 자신이 누군가를 도왔다는 것을 통해 나라는 존재의 의미를 확인한다.

누군가에게 감사편지를 쓰는 것은 그 사람의 삶에 이유가 있음을 증명해 주는 것이다. '고맙다'는 표현 하나로 한 사람의 존재를 인정하고, 의미를 부여할 수 있다면 더 자주, 그리고 더 많이 고맙다고 말해야 하지 않을까.

별것 아닌 것도 감사하는 방법

『THANK YOU 365』의 저자 존 크랠릭은 감사편지를 쓰면서 자신의 가장 가까운 곳부터 살폈다. 그는 가장 먼저 아이들을 떠올렸다. 부모의 이혼에도 불구하고 잘 자라고 있는 아이들에게 감사했기 때문이다. 그리고 점점 주변을 확대해 갔다. 동료, 친구, 가게 점원, 병원 의사 등으로 말이다.

감사편지를 쓸 때 사람을 먼저 떠올려도 좋고, 감사할 거리를 먼저 떠올려도 좋다. 무엇이든 '감사'라는 단어를 떠오르게 하는 것이 있다면 그냥 지나치지 않는 게 중요하다. 예를 들어 아침마다 식탁에 밥을 차려주는 어머니나 아내에게 감사할 수 있을 것이다. 결혼 전에는 너무 당연하게 받던 밥상이었는데, 결혼을 하고 보니 내가 누군가의 아침을 준비하는 게 쉬운 일이 아니라는 것을 깨달았기 때문이다.

이불에서 쏙 빠져나온 채로 출근했는데 돌아와 깔끔하게 정리되어 있는 방을 보게 된다거나, 누군가 내게 전화 메모를 전달해 준다거나, 주문한 물건을 택배로 전달해 주는 기사를 만났을 때, 우리는 그것들에 대해 감사할 수 있다. 나와 가까운 곳부터 관심을 가지고 보면 감사를 전해야 할 곳이 의외로 많다는 걸 깨닫게 될 것이다.

나는 동네 약사에게 감사편지를 쓴 적이 있다. 언젠가 아이가 아팠을 때였다. 열이 심하고 기침을 하는 아이를 데리고 병원에 가서 진찰을 받은 후, 처방전을 들고 약국에 갔다. 약사는 약을 지어 주면서 물약을 꼭 냉장고에 보관하라고 일러주었다. 실온에 한 시간만 있어도 약효가 사라진다는 것이었다. 나는 그러겠노라고 대답하고 약국에서 아이에게 약을 한 번 먹이고는 집으로 돌아왔다. 그런데 집안일을 하며 아이에게 신경 쓰다가 냉장고에 약을 넣지 못했다. 5시간이 지난 후 아이에게 약을 먹이려고 할 때에야 그 사실이 생각났다. 한 시간만 지나도 약효가 없어진다는데, 자그마치 5시간이나 지나 있었다. 나는 할 수 없이 다시 병원으로 가서 처방전을 새로 받았다.

약국에 들러 처방전을 내밀며 "냉장고에 넣는 걸 잊어버려서요"라고 했더니, 그녀는 금방 약을 내어주었다. 약을 받아들고 얼마냐고 물었더니, 약사는 괜찮다며 그냥 가라고 했다. "그래도 약값은 드려야죠"라고 했더니 괜찮다며 약값을 받지 않았다. 약 봉투에 찍힌 가격은 100원이었다.

사실 100원은 큰돈이 아니다. 자주 찾는 약국이었고 그 정도는 그냥 줄 수도 있는 상황이었다. 그러나 나는 그녀가 무척 고마웠다. 그것은 약사가 나를 향해 마음을 열었다는 증거이자, 우리 사이가 조금은 특별하다는 것을 의미하는 것이라고 생각했기 때문이다.

나는 집으로 돌아와 엽서 한 장을 꺼냈다. 그리고 약사에게 감사의 편지를 썼다.

약사님!
오늘 감사했어요.
아침에 받은 약을 냉장고에 넣어야 했는데, 제가 깜빡했네요.
약사님이 한 시간 지나면 효과 없어진다고 해서
다시 사러 갔는데, 그냥 주셔서 감사했습니다.
약국 갈 때마다 친절하게 대해 주시고,
아이들 비타민도 꼬박꼬박 챙겨주셔서 감사해요.
언제 한 번 시간 맞추어 차 한 잔 마시면서 이야기 나눠요.
그럼 오늘도 좋은 하루 보내세요!

만약에 그녀가 100원을 받았다면, 나는 감사편지를 쓰지 않았을 것이다. 100원밖에 안 하는 약값을 받아서가 아니라, '약사와 손님'이라는 관계가 견고하다고 느꼈기 때문일 것이다. 그러나 100원을 받지 않음으로써 나는 그녀와의 관계를 다시 생각하게 되었다. 그리고 약을 건넬 때마다 친절하게 설명해 주던 모습이며, 매번 한 아이의 약을 사러 가도 꼭 두 아이의 비타민을 챙겨주던 것이 떠올랐다. 나는 그 모든 것에 고맙다고 말하고 싶었다.

그날 이후, 나는 몇 번 더 그녀에게 엽서를 썼고 내가 좋아하는 작가의 책을 선물하기도 했다. 그만큼 우리는 그 일로 인해 가까워졌고 관계를 새롭게 만들게 되었다.

또 어떤 날은 강의를 하러 갔다가 만난 후배에게 감사편지를 쓰기도 했다. 그가 내게 바쁜 시간을 내주었기 때문이다.

'관계를 바꾸는 작은습관—손편지'라는 강의를 했던 날의 일이다. 강의가 끝나자 그 회사에 근무하는 후배가 찾아왔다. 함께 점심을 먹을까 했는데 사정이 여의치 않아 그냥 강의를 진행한 뒤였다. 후배는 1층 카페로 나를 데리고 가더니 커피와 샌드위치를 사 주었다. 점심도 먹지 못하고 강의를 해서 배가 무척 고플 때였다. 허겁지겁 샌드위치를 먹으면서 두런두런 이야기를 나누었는데 후배가 자꾸 휴대폰으로 시간을 확인하는 것이다. 그러고 보니 그는 지금 근무시간이었다. 거기에 생각이 미치자 갑자기 후배에게 미안한 마음이 들었다. 계속 먹고 있는 나 때문에 자리에서 일어나지 못하고 있는 것 같았기 때문이다. 후배에게 먼저 올라가라고 얘기했지만, 그는 괜찮다며 내가 샌드위치를 다 먹을 때까지 앞에 앉아 있어 주었다.

나는 후배가 무척 고마웠다. 커피와 샌드위치를 사준 것도 참 고마운 일이지만, 그보다 나 때문에 일하지 못한 시간을 야근으로 채울 각오를 하고 자리를 지켜준 그가 더 고마웠다. 사람을 먼저 생각하는 그의 마음 씀씀이가 여전해서 더 반갑기도 했다. 다음날 나는 후배에게 감사편지를 썼다.

인수야!
와우, 정말 덥다. 오늘이 올해 들어서 제일 덥대.
어제가 입추였는데 이게 웬일이니. 가을의 길목이라는데 더위가 그 길에 딱 버티고 있구나. 그래도 비가 많이 내려서 쨍한 날이 없었으니 이런 더위 이해해 주자꾸나.
어젠 오랜만에 만나서 반가웠어.
널 만나 이야기하면서 우리가 함께 공유했던 지난 시간들이 결코 헛된 시간이 아니었다는 생각을 했단다.
20대에 청춘을 함께 보낼 수 있었다는 건 어쩌면 큰 축복이 아니었을까

싶어. 이제 30대인 너에게 '배우자'의 축복이 내리길….
사람을 아끼고 사랑할 줄 아는 네게 딱 맞는 배우자가 나타날 거야.
어제 맛있는 차와 샌드위치 잘 먹었어.
그리고 귀한 시간 내주어 정말 고마웠다. 또 보자.

며칠 후, 후배는 내가 보낸 엽서를 사진으로 찍은 후 메신저로 보내왔다. 괜히 자기 때문에 편하게 못 먹은 것 같아 죄송했는데, 뜻밖의 편지에 고마웠다는 말도 덧붙였다. 잠깐 마주한 후배에게 보낸 감사편지 한 통으로 우리는 서로가 서로에게 고마운 존재가 되었다.

주위를 잘 살펴보면 감사할 일이 적지 않음을 느낄 수 있다. 내가 당연하다고 느꼈던 것들부터 하나씩 돌이켜 보자. 출근하면 당연하게 올라와 있는 조간신문, 화장실에 당연하게 걸려 있는 화장지, 식당 주인이 당연하게 베푸는 친절, 필요에 의해서 당연하게 계약하는 고객, 밤에 잠이 들고 아침이면 당연하게 일어나는 아이들까지.

다시 한 번 곰곰이 생각해 보면 당연하게 행해지는 것들은 없다. 신문과 화장지를 위해서 누군가는 시간을 들이고 있으며, 이익이 아닌 관계를 위해서 친절을 베푸는 사람이 있고, 고객이 나에게 계약을 해주는 것은 그만큼 나를 신뢰하고 있다는 뜻이다. 그리고 유치원에 다닐 때부터 군대에 다녀올 때까지 정말 '살아만 있는 것도 감사할 일'이라는 우스갯소리가 있는 세상인데, 건강하게 잘 자라주는 아이들은 얼마나 고마운 존재인가.

자, 쓰는 사람과 받는 사람 모두의 삶의 질을 높이고 싶다면 지금 당장 감사편지를 써보자. 마음을 열고 주변 사람들의 행동을 잘 살피면서 그들에게 감사할 것들을 찾아보자. 당신이 '감사의 창'을 통해 바라보는 세상은 지금보다 훨씬 더 아름답고 따뜻한 모습일 것이다.

감사를 전하는 편지들

아이가 쓴 감사편지

지난 4월이었다. 나는 식탁에 앉아 책을 보고 있었다. 아이가 책과 노트를 들고 나와 맞은편에 앉았다. 그래서 숙제를 하는가 했는데 잠시 후, 아이는 나를 부르더니 작은 쪽지를 하나 내밀었다. 아이의 손바닥보다 작은 종이였다. 재활용 종이로 택배상자 어딘가에 끼여 있던 종이 같았다. 아이는 그 종이에 색연필로 칸을 그리고 색을 입혔다. 그러고는 이렇게 썼다.

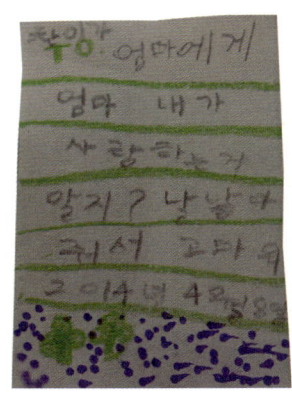

찬이가 엄마에게
엄마 내가 엄마 사랑하는 거 알지?
날 낳아줘서 고마워요.
- 2014년 4월 8일 찬이가 -

가끔은 아무날도 아닌데
받은 편지에 감동을 받습니다.

그 글을 읽는데 순간 울컥, 눈물이 났다. 그날은 내 생일도, 아이의 생일도 아니었다. 그냥 평범한 어느 봄날일 뿐이었는데, 아이는 갑자기 내게 사랑을 고백하는, 낳아준 것에 대해 감사하는 편지를 써서 건넨 것이다. 나는 편지를 보면서 아이를 낳고 키우며 느꼈던 모든 고통이 사라지는 기분이었다.

누군가 세상에 태어나서 가장 잘한 일은 '엄마가 된 것'이라고 했는데 나 또한 그것을 느끼는 순간이었다. 그렇게 구박을 하고 혼을 내도 세상에서 엄마가 제일 좋다는 아이를 보며, 내가 세상에 태어나서 가장 잘한 일도 아이를 낳은 것이라는 생각이 들었다.

마땅히 감사받아야 하는 날이 아닌, 그저 평범한 오후에 받은 감사 편지는 정말 감동이었다. 아이가 내게 감사함을 느끼듯, 나 또한 나를 낳아준 엄마에게 감사하는 마음을 가져야겠다고 생각했다. 아이를 통해 많은 것을 배운 날이었다.

하루는 학교에서 돌아온 아이의 가방을 열어 알림장을 꺼내 확인하려는데 가방 속에 웬 편지봉투 하나가 보였다. 뭘까 싶어 꺼냈더니 아이가 피아노 원장님께 쓴 편지였다.

> 존경하는 피아노 선생님께
> 선생님 안녕하세요? 저는 찬이에요.
> 1년 동안 저를 가르쳐 주셔서 감사합니다.
> 고양이춤, 젓가락 행진곡, 진달래꽃 등 여러 가지를 가르쳐 주셔서 감사해요. 제가 소나티네까지 왔다는 게 정말 꿈만 같아요.
> 그럼 안녕히 계세요.
> - 2014년 6월 30일 김찬 올림 -

아하! 며칠 전에 소나티네를 시작했다고 하더니, 그걸 피아노 원장님께 감사하고 있었다.

아이는 초등학교를 다니면서 피아노 학원을 다녔다. 어렸을 때부터 음악을 좋아했고, 피아노를 꼭 배우고 싶어했다. 학원을 다니고 집에 디지털 피아노가 생기자 아이는 아침마다 연주를 하기 시작했다. 남자 아이치고 피아노 치는 걸 참 좋아한다고만 생각했는데, '소나티네까지 왔다는 게 정말 꿈만 같다'는 글을 보니 아이는 내가 알고 있는 것보다 더 많이 피아노를 좋아한 모양이었다.

내가 아이의 편지를 보면서 놀란 것은 아이의 마음속에 누군가에게 '감사할 줄 아는 마음'이 있었기 때문이다. 엄마의 생일도, 스승의 날도 아닌데, 엄마와 선생님께 감사할 줄 아는 아이의 마음이 참 예뻤다. 그리고 아이를 통해 깨달았다. 아이들의 시선으로 세상과 사람을 바라보면 증오와 미움은 보이지 않는다는 걸 말이다.

엄마에게 쓴 감사편지

아이에게 감사편지를 받고 얼마 후에 나도 엄마에게 감사편지를 썼다. 때마침 어버이날이 돌아왔기 때문이다. 나는 가지고 있는 엽서 중에서 엄마가 좋아할 만한 그림엽서를 골랐다. 31년 동안 키운 딸을 시집보내고, 이젠 그 딸이 낳은 아이들을 키우느라 제대로 된 취미생활도 못하고 있는 엄마…. 엄마를 생각하면 늘 미안한 마음이 앞선다. 엄마에 대한 감사가 어디 어버이날에만 한정된 일이겠는가. 하지만 이번 기회를 통해서 정말 고맙다는 인사를 하고 싶었다.

새벽 5시면 일어나서 하루를 시작하고, 자식들을 위한 기도를 하루도 놓지 않으며, 자식들 일이라면 만사를 제치고 달려오는 엄마…. 아침잠이 많고 아이들을 위한 기도를 종종 빼먹고, 때론 아이들보다 일을 우선으로 생각하는 나는 절대로 엄마를 따라갈 수 없을 것이다.

얼마나 오랜만에 엄마에게 쓰는 편지였을까. 쓰는 내내 마음이 떨렸다.

> 엄마.
> 태어나서 마흔 번째 맞는 어버이 날이에요.
> 어릴 땐 카네이션도 만들고, 가슴에 꽃도 달아주고 한 것 같은데 어른이 되면서 더 그런 걸 못하고 사는 것 같아요.
> 그래도 엄마를 사랑하는 마음은 예전이나 지금이나 변함없어요.
> 아니, 나이 먹으면서 오히려 엄마에 대한 고마움과 사랑이 더 커지는 것 같아요. 나의 엄마가 되어주어서 고마워요.
> 다시 태어나도 엄마의 딸로 살고 싶어요.
> 엄마, 몸 건강히. 우리 행복하게 살아요. 사랑히요.

어버이날, 홀로 책상에 앉아서 이 편지를 쓰는데 눈물이 났다. '다시 태어나도 엄마의 딸로 살고 싶어요'라고 쓸 때였다. 나는 정말 다시 태어난다고 해도 우리 엄마의 딸로 살고 싶다. 그단큼 엄마가 좋다. 그런데… 엄마도 다음 생에 나를 또 딸로 맞이하고 싶으실까?

나는 '엄마'라는 단어보다 더 애잔하고 아름다운 단어를 아직 만나지 못했다. 중년이 되고 있음에도 불구하고 나는 여전히 엄마가 없는 세상을 생각할 수 없다. 엄마가 아이들을 돌봐주고, 내가 해야 할 살림을 대신 해주어서가 아니다. 이 세상에 '엄마'가 없다는 것, '엄마'라는 단어를 부르지 못한다는 것을 아직 받아들일 수 없기 때문이다. 그래서 엄마가 정말 오래오래 살아계셨으면 좋겠다. 못 다한 효도를 할 수 있을 때까지, 맘 편히 엄마와 함께 둘이 여행 다니며 삶을 누릴 수 있을 때까지 말이다.

그러나 만약에 다음 생이란 게 있다면, 다음에도 엄마의 딸로 태어날 게 아니라, 그땐 내가 엄마의 엄마로 태어나면 어떨까. 그래서 엄마가 내게 준 사랑만큼 그렇게 사랑해 드릴 수 있다면…. 그러기 전에 지금, 좋은 딸이 되는 게 먼저일 테지만 말이다.

선생님께 보낸 감사편지

2014년 4월 16일 세월호 참사 이후, 세상을 보는 눈이 달라졌다. '살아 있다'는 것이 얼마나 감사한 일인지 새삼 깨닫기도 했다. 상상조차 하기 힘든 일을 겪고 있는 부모님들을 보며 내 마음도 무거웠다. 그리고 아이들을 구하러 갔다 영영 나오지 못한 선생님들을 보면서 '선생님'이라는 의미가 새롭게 다가왔다.

2014년 스승의 날은 그래서 더 특별했다. 이번에는 꼭 선생님들을 뵈러 가리라고 마음먹었다. 일정을 조정해 스승의 날을 하루 앞두고 모교를 찾아갔다. 학교에 갈 때마다 언제나 반겨주시는 이은주 선생님을 뵙기 위해서였다. 때론 친구 같고 때론 선배 같은 선생님. 이은주 선생님과 나와의 인연은 1991년으로 거슬러 올라간다.

이은주 선생님은 내가 고1 때 같은 학교에 근무하던 동료 선생님과 결혼을 하셨다. 두 분은 우리 동네에 신혼살림을 차리셨다. 선생님께 결혼선물을 드리고 싶었지만 나는 그때 가난한 고등학생이었다. 그래도 선생님께 뭔가 특별한 선물을 드리고 싶어서, 연습장 한 장을 찢어 우리 동네 지도를 그렸다.

이은주 선생님에게 이 동네는 낯선 곳이었다. 결혼을 하고 처음으로 자리를 잡게 된 곳이니 어디에 무엇이 있는지 잘 모르실 터였다. 그래서 나는 슈퍼와 떡볶이집과 약국 등을 그리고, 골목골목이 어디로 연결되는지 상세하게 지도를 그렸다. 나름 정성껏 그린다고 노력했지만, 미술 점수가 썩 좋지 않았던 내가 그린 지도는 엉성했다. 그래도 나는 선생님의 결혼선물로 편지 한 통과 함께 지도를 드렸다.

나의 선물은 엉성하고 볼품없는 지도였지만. 선생님은 다행히 그 지도를 무척 좋아하셨다. 나를 만날 때마다 지도를 유용하게 쓰고 있다고 말씀하시곤 했다. 졸업을 하고 오랜 시간이 흘렀음에도 불구하고, 선생님과 내가 끈끈한 관계를 유지할 수 있는 건 그때 선물로 드린 한 통의 편지와 지도 덕분일 것이다. 세월호 참사 한 달 후, 나는 이런 편지를 들고 선생님을 찾아갔다.

> 이은주 선생님.
> 그 어느 해보다도 '선생님'이란 의미가 가슴 깊이 새겨지는 해네요.
> 학교 다닐 땐 잘 몰랐던 것들을,
> 엄마로, 누군가에게 '선생님'이라 불리는 사람으로…
> 참 많은 것을 깨닫습니다.
> 난곡동 지도 하나가 이렇게 오랜 시간의 인연을 맺어 주네요.
> 학교에 가서 반갑게 맞이해 주는 선생님이 계셔서 정말 좋아요!
> 오래오래, 이 기쁨 누릴 수 있도록 해주세요.
> 무엇보다 건강하시고, 지 선생님과 두 아들과 행복하시길.
> 선생님, 오랫동안 저의 '스승님'이 되어주셔서 감사합니다.

나는 이 편지와 내가 찍은 사진으로 만든 엽서들, 그리고 시집 한 권을 선물로 함께 드렸다. 선생님은 엽서를 꺼내보며 감탄하셨다. "아줌마가 못 하는 게 없다"고 칭찬하셨지만, 오래전 제자가 직접 만들었다는 데 감동을 하신 듯했다.

나는 다른 편지봉투를 하나 꺼내 남편인 지형준 선생님께도 전해 달라고 부탁드렸다. 지형준 선생님은 안산에 있는 학교에서 근무하고 계셨다.

> 지형준 선생님께
> '안산'을 떠올릴 때마다 선생님 생각을 했었어요.
> 작년에 안산에 있는 대안학교 수업하러 다니면서
> 선생님도 이 동네에 계시겠구나 했는데
> 4월 16일 이후로 '안산'의 의미가 달라지게 됐네요.
> 같은 동네에서, 그 또래 아이들과 함께하는
> 선생님 마음은 어떠실까…
> 그런 생각을 할 때마다 마음이 편치 않았답니다.
> 그럼에도 불구하고 선생님께 맡겨진 어린 양들을 잘 돌보는 진정한 목자가 되시리라 믿어요.
> 이은주 선생님께 드렸던 난곡동 지도 한 장이 오랜 인연이 되어 기쁘고,
> 선생님을 여전히 '선생님'이라 부를 수 있어 감사합니다.
> 더 오랫동안 스승과 제자로 기억될 수 있도록 노력할게요.
> 선생님과 선생님의 제자들을 위해 기도하겠습니다.

일 때문에 안산에 갈 때마다 지형준 선생님을 떠올리곤 했는데, 세월호 참사 이후 이제는 안산이 다른 의미로 다가왔다. 철저하게 제3자인 나

도 이렇게 괴로운데, 같은 동네에서 또래 아이들을 가르치고 계신 선생님은 어떠실까, 마음이 좋지 않았다. 그럼에도 불구하고 선생님이 이 시간들을 잘 이겨내고 아이들에게 힘이 되면 좋겠다고 생각했다.

나는 선생님들께 편지를 쓰면서 스승과 제자의 관계에 대해서 생각했다. 그래서 무조건 '은혜에 감사하다'고 쓰기보다, 무엇이 왜 고마운가를 구체적으로 쓰려고 노력했다. 작은 것일지라도 선생님과 나에 관한 에피소드를 꺼내 놓으면, 선생님과 나의 관계가 더 특별해질 수 있다고 믿었기 때문이다.

책을 쓴 선배에게 보낸 감사편지

글 쓰는 일을 하다 보니 자연스레 주변에 책을 내는 사람들이 종종 있다. 때론 그들의 책을 읽고 인터넷 사이트에 리뷰를 남기기도 하고, 내 블로그에 책을 읽고 느낀 점을 적어 두기도 한다. 그런데 이 선배가 낸 책을 읽고는 리뷰보다는 편지를 써야겠다고 생각했다. 선배에게 하고 싶은 말들이 많았기 때문이다.

이 선배는 카피라이터 모임에서 만난 선배다. 나처럼 성격이 호들갑스럽지도 않고, 조용하면서도 시크한 편이었다. 꽤 오랜 시간을 같은 모임에 있었는데도 쉽게 친해지지 못했다. 그녀는 1년에 책을 100권 넘게 읽고, 책을 읽을 때마다 블로그에 리뷰를 올린다. 그리고 그 리뷰들을 한 권의 책으로 묶어냈다. 나는 그런 선배를 보면서 참 많이 부러웠다. 그리고 무엇보다 선배와 친해지고 싶었다. 관계가 나쁜 건 아니었지만 이번 기회에 내가 선배에게 관심을 갖고 있다는 것을 알려주고 싶었다.

선배가 낸 세 번째 책은 그동안 읽은 책들을 소개하는 책이었다. 그러나 그 속에는 책 이야기만 있는 게 아니라 선배의 삶이 녹아 있었다. 나는 책을 읽으면서 선배의 글을 처음 읽는 느낌이었다. 내가 평소에 보지 못했던 또 다른 모습들이 그 안에 있었기 때문이다. 나는 책을 읽으면서 선배가 글을 정말 잘 쓴다는 것을 새삼 느꼈다. 그리고 글 속에 녹아 있는 선배의 모습에 울고 웃었다.

평소의 내 습관대로라면 책을 읽으면서 마음에 드는 문장에 밑줄을 그어야 했다. 그러나 이 책은 그럴 수가 없었다. 도대체 어느 부분에서 줄을 멈춰야 할지 난감했기 때문이다. 그 정도로 책이 좋았다. 그래서 편지를 쓰려고 주소를 물었다. 선배는 아마 내가 쓴 책을 보내는 줄 알았겠지만 나는 선배의 기대와 달리 마음을 담은 편지 한 통을 보냈다.

> 선배
> 책이나 선물을 보낼 줄 알고 기대했을 텐데
> 협소한 편지에 실망하신 건 아닌지 모르겠네요.
> 선배의 세 번째 책을 읽으면서
> 언니에게 편지를 써야겠구나 했어요.
> 후배가 아닌 독자의 한 사람으로 작가님께 보내는 팬레터랄까요?
> 선배의 책 두 권을 모두 재미있게 읽었는데 이번 책은 정말 좋았어요.
> 읽는 내내 얼마나 위로를 받았는지 모르실 거예요.
> 엄마 이야기를 읽을 때는 저도 짠해져서 좀 울었고요,
> 프린터와 복사기 영업 이야기할 때는 정말 힘들었겠구나 싶었어요.
> 도트 프린터기 얘기 나올 땐 '맞아, 그때는 도트 프린터를 썼었지'하며
> 옛일을 떠올리기도 했답니다.
> 원래 책 읽으면서 마음에 드는 문장에 밑줄을 긋는데, 이번 책에는 밑줄

을 안 그었어요. 왠지 이 책은 그냥 깨끗한 상태로 가지고 있고 싶더라고요. 다시 펼쳐보면 또 다른 느낌을 선물 받을 스 있을 것 같아서요.
이 책 읽으면서 선배랑 더 가까워진 느낌이었어요.
오랜 시간 같은 공동체에 있었는데 그 시간만큼 가까워지진 못한 것 같았거든요.
선배의 삶을 조금 더 알게 된 것 같아서 무척 기뻤답니다. 이젠 선배와 더 친해질 수 있겠구나…라는 기대감도 생겼고요.
여기에 일일이 다 쓰지는 못하지만 제게 깊은 울림을 주었던 문장들에 감사하고 싶었어요. 그래서 이렇게 편지를 드립니다.
제가 앞으로 보내게 될 그 어떤 책보다도 이 편지 한 통이 선배에게 더 큰 기쁨이 되길 바라면 너무한 걸까요?
아무튼 선배, 좋은 글 감사하고 앞으로도 쭉- 좋은 글 부탁드려요.
그럼 다음에 또 소식 전할게요.

편지를 보낸 뒤 선배가 어떤 답장을 보내올까 궁금했다. 그런데 아무리 기다려도 답장이 오지 않았다. 얼마쯤 지났을까, 선배에게서 인터넷 쪽지로 연락이 왔다. 내 편지에 무척 감동해서, 선배도 손편지로 답장을 보내려고 했으나 집에 편지지가 없었다는 것이다. 편지지를 사러 가려고 했으나 나갈 짬이 나지 않았단다. 나는 그 쪽지를 보고 한참 웃었다. 사람들이 손편지에 답장을 하지 못하는 이유가 편지지가 없기 때문이라는 것을 그때 처음 알게 되었기 때문이다.

시간이 흘러 한 해가 마무리 되어갈 무렵, 선배가 편지 한 통을 보내왔다. 한껏 기대를 하고 편지를 읽다가 나는 또 울그 말았다. 그동안 표현하지 않았을 뿐, 선배가 내게 관심을 갖고 지켜보고 있었다는 것, 그리고 건강이 나빠져 고생하고 있는 나를 진심으로 걱정하고 있었다는 것을 알았기 때문이다. 편지에 적힌 따뜻한 문장들은 나를 다독여 주었다.

　나는 선배가 보낸 편지를 읽으면서 마음을 표현한다는 것이 얼마나 좋은 일인지, 손편지로 마음을 전한다는 것이 마음의 거리를 얼마나 가깝게 만드는지 새삼 깨달았다.

꽃을 선물한 친구에게 보낸 편지

나는 좀 늦은 나이에 대학을 갔다. 대학에 입학할 때 아이가 4살이었고, 대학 3학년에 재학 중일 때 둘째를 낳았다. 매일 등교하지 않아도 되는 방통대에 다녔기에 가능한 일이었다. 4년 안에 졸업만 해도 대단하다는 소리를 듣는 학교였다. 고등학교 때 공부를 못했던 나는 성적 관리를 하고 싶었다. 그래서 남들보다 독하게 공부했고, 우스운 성적으로 입학했던 학교를 우수한 성적으로 졸업하게 되었다.

　친구 수경이는 이런 나를 무척 자랑스러워했다. 자기도 내 졸업식에 와서 축하해주고 싶다고 할 정도였다. 그러나 나는 졸업식장에 가지 않을 생각이었다. 왠지 쑥스러웠기 때문이다. 이 소식을 들은 수경이는 졸업식에 꼭 가라며 졸업 날짜에 맞추어 꽃다발을 보내왔다. 라니플라워의 대표인 그녀가 직접 만들어 보낸 꽃다발이었다. 그런데 꽃다발이 하나가 아니었다. 내 것을 보내면서, 아이들이 들면 딱 어울리도록 작고 앙증맞은 꽃다발을 함께 챙겨서 보낸 것이다.

　나는 수경이의 예쁜 마음에 큰 감동을 받았다. 그래서 그녀에게 감사편지 한 통을 보냈다.

신의 손을 가진 수경아!
네가 만들어준 꽃은 정말 최고였어!
다른 사람들이 들고 다니는 꽃을 보며
너의 재주가 보통이 아님을 실감했단다.
나와 아이들에게 아름다움을 선물해 주어 정말 그마웠다.
꽃들의 매력을 파악할 줄 알고,
'어울림'의 미학을 아는 네가
나의 친구라서, 누구보다 행복하단다.
나를 '행복한 사람'으로 만들어 줘서 고마워.
그리고 네가 생각하는 것보다
더 많이 너를 사랑하고 있음을 기억하길!
또 연락하자. 안녕.

편지를 받은 수경이는 자기가 더 감동했다며 인사를 전해왔다. 그러나 어찌 그 아름다운 꽃다발에 편지 한 장이 비길 수 있을까. 손재주가 없어서 더 많은 것을 해줄 수 없음이 안타깝고 미안할 뿐이었다.

고객(강의를 요청한 분)께 드린 감사편지

강의를 할 때 영업하는 분들을 만나면 나는 꼭 물어보는 게 있다. 자신에게 계약을 해준 고객들에게 감사편지를 보내느냐는 것이다. 그러나 의외로 감사편지를 쓰는 사람은 별로 없었다. 영업을 하는 입장에서는 고객이 계약을 해주는 것보다 더 고마운 일이 또 있을까 싶은데, 많은 분들이 중요한 것을 놓치고 있는 것 같았다.

내가 하는 일도 '영업'을 해야 할 때가 있다. 한 번도 거래하지 않은 회사에 강의 제안서를 보내거나, 기존에 거래했던 회사에 나를 상기시키는 것이 나의 영업이다. 그러나 내가 하는 모든 영업은 거의 손편지로 이루어진다. 손편지로 강의 제안서를 보내고, 손편지로 안부를 전한다. 그게 내 영업의 전부다.

그리고 나는 내게 강의를 요청하는 분께 항상 감사편지를 보낸다. 강의를 하기로 한 날이 연락을 받은 날과 많이 떨어져 있으면 회사로 편지를 보내고, 그렇지 않은 경우에는 강의 때 실습시간을 이용해서 편지를 쓴다. 교육생들이 편지를 쓰는 실습 시간에 나도 함께 편지를 쓰는 것이다.

편지 내용은 그분을 만났을 때의 인상이라든가, 강의 시간 동안의 분위기, 아니면 그분과 나눈 이야기를 화제로 삼는다. 그리고 강의할 기회를 주셔서 감사하다는 내용을 꼭 덧붙인다. 그게 내 감사편지의 포인트이기 때문이다.

강의가 끝나고 담당자에게 조용히 편지봉투를 하나 건네면 다들 매우 좋아한다. 강의를 진행하면서 강사에게 감사편지를 받는 경우가 거의 없기 때문이다. 이런 감사 표현은 종종 또 다른 강의로 연결되기도 한다. 결국 감사편지 한 통이 뜻밖에 최고의 영업수단이 되는 것이다.

이 과장님께

입추가 무색할 정도로 무더운 날씨지만

강의실에 계신 분들이 두 귀와 마음을 활짝 열어주셔서

시원하고 신나는 시간이었어요.

과장님께서 에어컨을 빵빵하게 틀어주신 덕도 있지요!

역시 이곳 분들은 열정이 많으신 것 같아요.

지난달에는 강의 마치고 연락주신 분들이 많았답니다.

제가 강의를 듣는 분들께 조금이나마 도움이 된 것 같아서 좋았어요.

이게 모두 제게 강의할 기회를 주신 과장님 덕분입니다.

과장님! 정말 감사합니다.

언제든 제가 필요하면 연락주세요.

함께 따뜻한 소통에 대해서 나누도록 하겠습니다.

계속 무더울 거라는 예보가 있네요.

더위 조심하시고, 시원한 가을을 맞이하시길 바랄게요.

또 봬요!

 # 삶 속에 작은 기쁨이 되는 축하편지

선물보다 값진 편지

누군가에게 축하할 일이 생기면 우리는 선물을 먼저 떠올린다. 입학식이나 졸업식에는 꽃다발을 선물하고, 생일에는 평소에 그 사람이 갖고 싶어하던 것들을 준비한다. 그런데 때로는 선물보다 편지가 받는 사람의 마음을 더 감동시킬 때도 있다.

'나눔 플랫폼', 카페 허그인에서 편지를 쓰다가 만난 대학생 김현정 씨는 엄마에게 아주 특별한 편지를 썼다고 한다. 엄마 생일인 11월 1일에 맞추어 그동안 엄마에게 고마웠던 것, 111가지를 찾아 편지로 쓴 것이다.

'세상에 이토록 아름답게 태어나게 해 주셔서 감사합니다.'로 시작된 111가지의 감사는 '굳건한 사랑으로 아버지 김○○ 님과 결혼해 주셔서 감사합니다.'로 이어졌다. 그리고 '어릴 적『성냥팔이 소녀』를 읽고 울고 있을 때 껴안아 주셔서 감사합니다.', '대방동 살 때 독서 후 거실 창문에 나뭇잎 그리는 게임을 해주셔서 감사합니다.', '유치원 시절, 피아노학원에서 가져온 곶감에 감동해 주셔서 감사합니다.' 등, 그녀가

20여 년 동안 엄마에게 고마웠던 기억들을 적었다. 그리고 마지막에는 '오늘만큼만' 행복하자는 바람을 함께 적었다.

전지 크기의 종이에 깨알 같은 글씨로 쓴, 감사한 것 111가지를 받은 엄마는 생애 최고의 선물을 받았다며 기뻐하셨단다.

그런가 하면 나의 지인 중에 한 분은 자신의 생일에 특별한 선물을 받았다. 고등학교에 재학 중인 작은딸이 아빠 생일 축하 이벤트로 친구들에게 축하 메시지를 받아온 것이다. 전지 크기의 노란 종이에는 딸의 친구들이 빼곡하게 적은 축하카드가 20장 넘게 붙어 있었다. 아버지는 친구들의 메시지 중에서 "예쁜 친구를 낳아주셔서 감사합니다"라는 문장이 가장 눈에 들어왔다고 한다.

아버지의 생일을 축하하기 위해서 친구들을 특별한 이벤트로 초대한 딸아이와, 친구 아버지의 생일을 축하하기 위해 기꺼이 마음을 내어준 친구들. 노란 전지에 붙은 어린 학생들의 글씨를 보며 이것이야말로 세상 무엇보다 값진 선물이라는 것을 느꼈다.

우리는 생일이나 결혼을 축하하기 위해서 선물을 고른다. 그러나 형식적인 선물보다 진심을 담은 편지 한 통이 비싼 선물보다 더 값질 수 있다. 누군가 나의 생일에 감사한 일 100개를 적어주거나, 또는 나의 아이가 내 생일을 축하하기 위해서 친구들에게 축하 메시지를 받아 왔다고 생각해 보자. 그것만큼 감동적이고 가슴에 오랫동안 새겨질 선물이 또 있을까.

의미를 부여하는 축하편지

축하편지는 축하하기 위해서 쓰는 편지다. 그래서 다른 편지보다 쉽게 쓸 수 있다고 생각한다. 편지의 용도에 맞게 축하하는 내용만을 전하면 된다고 생각하기 때문이다. 그러나 이런 편지일수록 상투적인 내용으로 흐를 가능성이 크다. 남들과 다른 표현으로 상대방의 가슴에 오랫동안 간직될 축하를 전하고 싶다면 축하에 의미를 부여해 보자.

무언가를 축하한다는 것은 그 일에 의미를 부여하는 일이다. 생일 축하는 생일을 맞은 사람에게 세상에 태어나길 잘했다는 것을 알려주는 일이고, 입학을 축하하는 것은 더 넓은 세상으로 나가는 것을 응원하는 일이다. 결혼을 축하하는 것은 서로 다른 두 사람이 만나 하나의 가정을 이루었다는 것을 알려주며 두 사람의 앞날에 행복이 함께하길 기원하는 것이다.

만약에 누군가에게 축하의 편지를 보내야 한다면, 받는 사람에게 그 일이 어떤 의미인가를 생각해 봐야 한다. 20세에 대학에 입학하는 것과 60세에 입학하는 것은 의미가 다르다. 20세의 대학생 새내기에게 입학은 입시지옥을 뚫고 얻은 승리의 자리일 수 있고, 더 넓은 세상으로 나가는 출구가 될 수도 있다. 그러나 60세의 대학생 새내기에게 입학은 미루어 왔던 꿈의 실현일 수도 있고, 그동안 사연이 있어 하지 못했던 공부에 대한 한을 풀 수 있는 계기가 될 수도 있다. 그렇기 때문에 축하편지를 쓸 때는 그 사람에게 그 일이 어떤 의미인가를 생각해 봐야 한다.

현아야.
대학교 입학을 진심으로 축하해!
고등학교 3년 동안 하루도 맘 편히 쉬지 못하고 열심히 공부했던 너!
네가 얼마나 열심히 노력했는지 누구보다 잘 알기 때문에
오늘의 기쁨이 나에게도 크단다.
지치고 힘들 때마다 네가 그려놓은 내일의 모습을 보고
다시 마음을 가다듬는 너를 보면서 오늘 같은 날이 오게 되리라 믿었어.
15학번이 된 걸 진심으로 축하하고,
대학생활을 통해서 네가 참된 지성인이 되기를 바랄게.
다시 한 번 입학을 축하한다!

이모, 대학 새내기가 되신 걸 진심으로 축하드려요!
공부에 대한 꿈 하나를 가슴에 품고 오랜 시간을 견뎌온 이모.
합격자 발표 날 이모가 떨리는 목소리로 '합격이야'라고 했던 그 순간을
잊을 수가 없어요.
쉽지 않은 상황에서도 포기하지 않고 새로운 세상을 향해 도전을 외쳤
던 이모를 진심으로 존경합니다.
아들 딸 같은 아이들과 함께 공부하기가 쉽지는 않겠지만
'엄마'의 마음으로 다가가시면 그 아이들과 좋은 우정을 맺을 수 있을
거예요.
미루어 두었던 꿈을 향해 행진하는 이모를 함께 응원할게요.
대학에 입학하신 것, 진심으로 축하드려요!

입학뿐만 아니라 생일이나 결혼도 사람에 따라서 그 의미가 다르다. 작년 생일부터 이번 생일까지 평탄한 삶을 살아온 사람이 있는가 하면, 이번 생일을 맞게 되기까지 커다란 위기를 겪은 사람도 있을 수 있다. 첫눈에 반하는 사람을 만나 결혼에 골인하는 사람이 있는가 하면, 오랜 세월 동안 많은 우여곡절을 겪고 서로의 반려자가 되는 사람도 있다. 그렇기 때문에 진심을 전하는 축하편지를 쓰기 위해서는 그 사람이 살아온 삶을 들여다볼 줄 알아야 한다. 그리고 그 삶 속에서 그에게 맞는 의미를 찾아낼 줄 아는 힘을 키워야 한다.

축하에 의미를 부여하는 방법

축하편지를 쓰려고 펜을 들었는데, 그 사람에 대한 정보가 많이 없는 상태라면 어떻게 해야 할까? 부서원들이 회사에 갓 입사한 후배의 생일 축하카드를 작성하기로 했다면 말이다. 새내기 후배가 어떤 삶을 살아 왔는지 면밀히 알 수 없는 상태라면 그냥 '생일 축하한다'라고만 써야 할까?

생일을 축하할 때 무조건 '축하한다'라고 쓰는 것은, 쓰는 사람에게도 받는 사람에게도 아무런 감흥이 없다. 쓰는 사람도 받는 사람도 왜 축하하고 축하를 받아야 하는지 의미를 찾을 수 없기 때문이다. 이런 경우라면 그 사람이 나에게 어떤 의미인가를 생각해 볼 수 있다. 우선 새내기 후배가 들어와서 내 회사 생활에 어떤 긍정적인 변화가 생겼는가를 생각해 보는 것이다. 만약에 후배 사원이 매일 실수를 연달아 해서 내 직장생활이 더 괴로워졌다면, 생일선물로 직장생활을 잘할 수 있는 팁을 주겠다고 먼저 손 내밀어 주는 건 어떨까.

다른 방법으로 축하를 좀 더 의미 있게 하기 위해서 별자리를 이용하는 것도 좋은 방법이다. 그 사람의 별자리나 탄생석을 이용해서 축하 문장을 만들어 보는 것이다. 1월에 태어난 사람들의 생일을 축하하려고 한다면 그 사람의 탄생석이 무엇인가를 먼저 찾아보자.

1월의 탄생석은 가넷이다. 가넷은 '진실'과 '우정'을 뜻하며, 연대감을 표시하기 위해 사람들이 같은 모양의 반지를 나누어 낄 때 사용된다고 한다. 비즈공예가 문현실은 『비즈』에서 가넷을 이렇게 설명하고 있다.

> "가넷은 진실한 우정과 충성, 불변, 진리 등을 상징하는 보석으로 연대감을 갖기 위한 사람들이 같은 모양의 반지를 낄 때 즈로 사용된다. 또한 서양에서는 가넷을 건강을 지켜주는 돌로 여겨 붉은색 가넷은 해열제로, 노란색 가넷은 황달병의 특효약으로 사용하기도 하였다. 또한 여행을 할 때 가넷을 몸에 지니고 있으면 위험을 물리쳐 준다고도 믿었다. 유럽이나 북아메리카 인디언들은 가넷이 죽음으로부터 생명을 보호한다고 생각해 몸에 지니거나 무기로 사용하기도 하였다. 어쨌든 영롱하고 투명한, 석류알과 닮은 아름다운 가넷은 많은 사람들에게 희망과 우정을 전하그 있다. … (중략)
> (『비즈』, 문현실, 김영사)

가넷을 탄생석으로 갖는 사람에게 축하편지를 쓸 때는 위의 문장들을 활용할 수 있다. 먼저 위에 있는 문장들 중에서 어떤 것들이 생일을 맞이한 사람과 어울릴까를 생각해 보자. 그리고 그 사람을 떠올리며 활용할 수 있는 문장에 밑줄을 긋고, 새로운 문장으로 바꿔 보는 것이다. 만약에 1월이 생일인 친구에게 축하편지를 써야 한다면 이렇게 쓸 수 있을 것이다.

승지야, 서른 번째 맞는 생일 진심으로 축하해.
대학 새내기 때 너의 생일을 처음 축하해 주었는데 벌써 10년이라는 세월이 흘렀구나. 우리가 오랜 시간 동안 우정을 맺을 수 있었던 건 네 덕분이 아닐까 생각해.
너의 탄생석인 '가넷'은 '진실한 우정과 충성, 불변, 진리' 등을 상징한대. 그래서 너와의 우정도 변함없이 이렇게 지속할 수 있는 게 아닐까 싶다.
여행할 때 가넷을 몸에 지니고 다니면 위험을 물리쳐 준다고 하더라. 그래서 나는 내 삶이라는 인생길에 너를 꼭 지니고 다니려고 해.
가넷이 여행의 위험을 막아주듯 너라는 친구가 내 인생의 험난한 길목에 서서 나를 지켜 주리라 믿기 때문이란다.
슬플 때나 기쁠 때나 무조건 내 편이 되어주는 좋은 친구.
너의 서른 번째 생일을 진심으로 축하해!
우리 더 깊은 우정을 나누는 친구가 되자꾸나.

별자리나 탄생석에 대한 설명을 읽으면서 마음에 드는 문장을 고르고, 그것을 상대방과 나에게 맞는 문장으로 엮어보자. 문장의 의미를 떠올리며 글을 쓰다 보면 둘 사이에 특별한 의미들이 만들어질 것이다. 이런 방법들이 처음에는 쉽지 않겠지만 자주 연습하다 보면 어떤 축하편지든 거뜬하게 쓸 수 있을 것이다.

자, 그럼 이제 결혼을 축하하는 편지를 함께 써보자.
손편지 강의를 하면서 '축하편지'에 관해 이야기를 나눈 적이 있다. 우선 교육생들에게 "결혼하면 어떤 이미지가 떠오르느냐?"고 물어보았다. 미혼인 사람들에겐 "두 사람이 하나가 되는 것", "아름다운 것", "함께하는 미래" 등 건전한 대답들이 나왔다. 그런데 기혼자들 중에는 "인생의 무덤", "이혼의 시작!"이라고 대답한 사람들도 있었다. 웃자고 한 얘기겠지만 결혼을 축하할 때, "인생의 무덤에 들어오신 걸 축하합니다"라거나 "축하합니다. 이제 언제든 이혼을 할 수 있는 자격을 획득하셨습니다!"라고 할 수는 없지 않은가?

결혼은 두 사람이 한 가정을 이루는 것이고, 두 사람의 삶이 하나의 삶으로 통합되는 과정이며, 어쩌면 결혼은 두 사람이 함께 맞는 첫 번째 생일 같은 날로 볼 수도 있다.

나는 결혼을 '보물찾기'라고 생각했다. 세상에 숨겨진 행복이라는 보물을 찾기 위해 떠나는 여행이라고 생각한 것이다. 그러나 단 한 번만에 행복이라는 보물을 찾을 수 있을 거란 생각은 하지 않았다. 그 길에서 만난 슬픔과 눈물, 환희와 기쁨이 모두 결혼생활이 주는 보물이 될 거라고 믿었다.

남편과 나는 함께 지도를 보면서 길을 찾아가야 한다고 생각했다. 한 장의 지도를 함께 보면서 행복이라는 보물을 찾아나서는 것, 결혼은 나에게 그런 것이었다.

지금도 그 생각에는 변함이 없다. 그래서 후배들이 결혼을 한다고 말하면 이런 편지를 써 주곤 한다.

형도야.
결혼, 진심으로 축하해.
살아보니
결혼은 보물찾기 같아.
세상에 숨겨진 행복이라는 보물을
찾아다니는 모험 말이야.
어디에 있는지 알 수는 없지만,
두 사람의 마음속에 있는 지도를
잘 살피며 걷는다면
분명 커다란 보물인
행복을 찾을 수 있으리라 믿는다.
결혼생활이라는 여행길에서
가끔은 슬픔과 눈물이라는 늪을
만나기도 하겠지만
세월이 흐르고 난 뒤에는 알게 될 거야.
그 또한 삶이 주는 선물이었다는 것을 말이야.
보물을 찾기 위해
이제 출발선에 선 너희 두 사람을
진심으로 응원하고, 진심으로 축복한다!

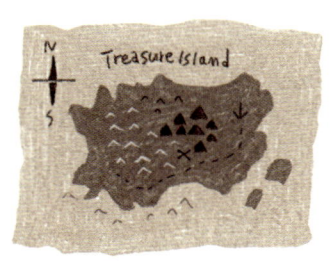

사람들마다 결혼에 관한 다른 이미지를 갖고 있다. 내게 결혼이 '보물찾기'였듯, 어떤 사람에겐 결혼이 두 개의 나무가 하나가 되는 '연리지'일 수도 있고, 반 고흐의 말처럼 '둘이 서로 반씩 되는 것이 아니라 하나로서 전체가 되는 것'일 수도 있다.

누군가의 결혼을 축하해야 한다면, 축하를 전하기 전에 결혼이 그들에게 어떤 의미로 간직되었으면 좋겠는가를 생각해 보자. 사랑에 빠져 누군가의 삶으로 뛰어든 한 남녀를 응원하는 메시지! 그것은 좀 낭만적이어도 좋지 않을까.

특별하게 축하를 전하는 법

둘째 아이의 돌잔치 때 있었던 일이다. 지인들을 돌잔치에 초대해 함께 식사를 하는 자리였다. 잔치에 초대받은 사람들은 저마다 선물이나 축의금을 전해주고 갔다. 잔치가 끝난 후 집으로 돌아와 선물과 축의금을 꺼내 보다가 한 장의 봉투를 보고 무척 행복했던 기억이 있다.

둘째 돌잔치에 큰아이 친구인 수빈이네를 초대했다. 큰아이가 어렸을 때부터 친했던 친구여서 초대했는데, 수빈이와 동생인 용훈이 그리고 아이들 엄마가 함께 왔다. 수빈이네는 축의금 봉투를 준비해 왔는데, 그 봉투가 매우 특별했다. 봉투 겉표지에 수빈이가 예쁜 그림을 그려왔던 것이다.

봉투에는 예쁜 꽃밭 안에서 생일을 맞은 둘째 아이가 웃고 있는 모습이 그려져 있었다. 거기에 삐뚤빼뚤한 글씨로 '솔이야 생일 축하해!'

라는 메시지까지 곁들어 있었는데, 그게 그렇게 예쁠 수가 없었다. 그야말로 최고의 축하 메시지였던 것이다.

아무리 축의금을 많이 넣은 봉투라도, 그 안에 있는 돈을 빼고 나면 봉투는 버리게 된다. 그러나 누군가의 정성이 담긴 봉투를 어떻게 버리겠는가? 나는 그 봉투를 편지함에 보관했다. 나중에 아이가 크면 '수빈이 언니'가 그린 그림을 함께 보며 그날의 추억들을 함께 떠올려 볼 생각이다.

그림을 곁들인 편지는 글씨만 있는 편지와는 또 다르다. 글이 전해 주지 못하는 느낌을 그림이 대신 전해 주기 때문이다. 그러나 나처럼 그림에 소질이 없는 사람들은 그림으로 축하를 전할 수가 없다. 그래서 나는 어떻게 하면 글로 좀 더 특별하게 편지를 쓸 수 있을까를 항상 고민한다.

중학생 때의 일이다. 친한 친구의 생일에 뭔가 특별한 선물을 하고 싶었다. 그래서 생각하다가 준비한 것이 100장의 엽서였다. 나는 친구의 생일 100일 전부터 날마다 한 장의 엽서를 채웠다. 어떤 날은 친구에게 편지를 쓰기도 했고, 어떤 날은 불러주고 싶은 노래가사를 적기도 했다. 또 어떤 날은 좋아하는 시를 옮겨 적기도 했으며, 때론 둘이 나눈 대화를 대화체로 기록하기도 했다. 그리고 마지막 100번째 엽서에는 친구의 생일을 축하하는 나의 마음을 담아 적었다.

엽서를 다 쓴 후에는 구멍을 뚫어서 100개의 엽서를 고리로 엮었다. 다른 친구들은 영어 단어장을 만들 때 나는 엽서장을 만들었던 것이다. 책처럼 두꺼워진 엽서를 포장지로 포장한 후 나는 친구의 생일

146

축하 선물로 건넸다. 친구는 처음엔 작은 상자에 든 선물로 생각했는데 포장지를 풀어 보더니 깜짝 놀랐다. 이렇게 많은 편지를 받아 본 것이 처음이었기 때문이다.

그런가 하면 고등학생 때는 이런 일도 있었다. 고등학교 1학년 때 같은 반인 친구가 있었다. 나는 이 친구와 친해지려고 편지를 쓰기 시작했다. 그런데 아무리 편지를 자주 써도 하고 싶은 이야기는 계속 쌓였다. 그래서 나는 노트 한 권을 마련해서 평소에 쓰는 편지는 그냥 전해주고, 노트에 쓰는 편지는 나중에 졸업할 때 선물로 주기로 했다.

 세월이 흘러 어느덧 졸업을 코앞에 두게 되었다. 나는 그동안 친구에게 쓴 편지 노트를 포장했다. 무려 여덟 권의 노트가 포장지 속으로 들어갔다. 편지 노트를 받아든 친구는 무척 놀랐다. 그동안 편지지에 적은 편지만도 엄청난 양인데, 또 이렇게 많은 편지를 썼다는 게 믿기지 않는다고 말이다.

 어른이 된 후에 나는 그 친구에게 편지 노트를 빌리곤 했다. 처음에는 내 것이었지만 이제는 친구의 것이 된 편지 노트를 펼쳐보면서 나의 10대 모습을 돌아보곤 했다. 나는 그 편지들을 읽으면서 편지가 역사를 기록하기도 한다는 사실을 깨달았다.

반대로 내가 받은 축하 선물 중에 가장 기억에 남는 것은 노래 테이프다. 내가 어렸을 땐 공테이프에 좋아하는 노래들을 녹음해서 선물해 주는 게 유행이었다. 요즘처럼 MP3 같은 게 없던 시절이었다. 그때는 듣고 싶은 노래가 있으면 직접 음반을 구입하거나 라디오에 사연을 보내던 시절이었다.

친구는 나의 생일을 맞아 자신이 직접 DJ가 되어 프로그램을 하나 만들었다. 친구는 오프닝도 하고 중간중간에 사연도 넣고 음악도 넣었다. 음악은 모두 내가 좋아하는 곡들이었다. 마지막 클로징은 나에게 보내는 편지로 꾸몄다. 60분짜리 테이프가 나만을 위한 라디오 프로그램이었던 것이다.

카세트에서 흘러나오는 친구의 목소리를 들으면서 얼마나 행복했는지 모른다. 누군가 나를 이렇게 특별하게 생각해 주었다는 것, 그것이 나를 기쁘게 했다.

그림에 재주가 없어도 누구나 특별한 편지를 쓸 수 있다. 100개의 엽서를 채우거나, 노트 여덟 권을 채울 수도 있고, 여름에 책갈피에 꽂아둔 꽃잎을 코팅해 편지 사이에 넣어 줄 수도 있다. 아니면 축하를 전할 선물을 건네며 선물을 고른 이유를 적어 보낼 수도 있다. 축하에 의미를 부여한다는 것은 받는 사람에게 나의 축하를 오랫동안 기억시키는 일이다. 값비싼 선물로 의미를 부여하든, 오랜 시간을 들인 정성으로 의미를 부여하든, 그것은 주는 사람의 선택인 것이다.

축하를 전하는 편지들

생일을 축하하는 편지

아이가 초등학생이 되고 나서 내게 무서운 것이 생겼다. 바로 아이의 알림장이다. 알림장이 무서운 이유는 바로 준비물 때문이다. 일을 하다 보면 집에 늦게 들어올 때가 많다. 그래서 알림장을 늦게 확인하거나 다음 날 아침에 확인할 때가 종종 있는데, 예상하지 못했던 준비물이 있으면 아침이 무척 바빠진다.

아이가 초등학교 1학년 때의 일이다. 그날도 늦은 시간에 귀가한 나는 아이의 알림장을 펼쳤다. 그 속에는 편지지 한 장이 들어 있었다. '부모님이 아이에게 편지 써주기'가 숙제였던 것이다. 며칠 뒤에 있을 어린이날에 아이에게 편지를 전해주기 위함이라고 했다. 나는 알림장에 들어 있는 편지지를 보고 적잖이 놀랐다. 아무리 편지쓰기를 가르치고 있는 나지만, 느닷없이 편지지 한 장을 가득 데워야 하는 일은 쉽지 않았기 때문이다.

마음을 가다듬고 책상 앞에 앉았다. 이왕에 쓰는 거 진심을 담아 쓰자고 생각하니 오히려 편지지 칸이 모자랄 것 같았다. 그래서 한 줄을 다시 두 줄로 나누어 편지를 썼다. 다 쓰고 보니 편지지가 내 글씨로 빽빽하게 찼다.

그때 쓴 편지의 핵심은 '너는 내가 사랑하는 아들'이었다. 큰아이가 다섯 살 때 작은아이가 태어났다. 작은아이가 태어나면서 사랑을 빼앗겼다고 생각하던 큰아이는 내게 매일 이렇게 물었다. "엄마 내가 좋아? 솔이가 좋아?", "엄마, 이 세상에서 누구를 가장 사랑해?" 나는 매번 "네가 더 좋아.", "당연히 찬이가 더 좋지!"라고 했지만 큰아이는 매일매일 물었다. 아이는 습관처럼 묻는 말일지 몰랐지만, 나는 여간 신경이 쓰이는 게 아니었다. 그래서 이번 편지를 통해서 내가 얼마나 아이를 사랑하는지 알리고 싶었다.

며칠 뒤 편지를 받은 아이는 "엄마, 나 오늘 엄마 편지 읽고 너무 행복했어"라고 말했다. 그래서 나는 아이가 갖고 있는 사랑에 대한 불안감이 완전히 해소된 줄 알았다. 그러나 그것은 나의 바람일 뿐이었다.

아이는 그 다음에도 계속 똑같은 질문을 했다. 나도 포기하지 않고 틈만 나면 '너를 사랑한다'고 표현해 주었다. 그러다 아이의 아홉 번째 생일이 돌아왔고, 나는 또다시 장문의 편지를 썼다.

> 세상에서 가장 사랑하는 우리 아들 찬.
> 아홉 번째 생일 진심으로 축하해.
> 네가 태어나던 날, 엄마는 무척 아팠어. 양수는 터지고 너는 안 나오고. 결국 수술을 해야 했지만 우리 찬이가 건강하게 태어나서 엄마는 무척 기뻤단다.
> 사랑스런 우리 튼튼이가 '찬'으로 태어나던 날, 엄마는 너를 보고 좀 울었어. 네가 사랑스러워서, 네가 엄마의 아들이라는 게 믿기지 않아서, 너를 내게 보내주신 하느님께 감사해서 말이야.
> 9년… 짧지 않은 시간 동안 함께 하며
> 우린 날마다 서로를 더 사랑하는 법을 배운 것 같아.
> 앞으로 90년 더! 서로를 사랑하며 행복하게 살자꾸나.
> 많이 부족한 엄마지만, 엄마는 찬이의 엄마인 게 정말 좋아.
> 세상에 많은 엄마들 중에 엄마의 아들이 되어줘서 정말 고마워.
> 사랑스럽고 자랑스러운 찬, 정말 사랑해!

나는 편지와 함께 쿠폰을 생일선물로 준비했다. 평소에 아이가 나에게 바라던 것들을 떠올리고 그것들을 아이와 함께할 수 있는 내용으로 쿠폰을 만들었다. 나는 아이에게 '엄마 자유이용권', '홍대 떡볶이 사주기 쿠폰', '아이스크림 사주기 쿠폰', '합기도 데려다 주기 쿠폰', '마음대로 TV 시청하기 쿠폰', '도서관 같이 가기 쿠폰' 등, 모두 10개의 쿠폰을 만들어 선물로 주었다. 사용할 수 있는 기간은 내년 아이의 생일 전까지로 했다.

아이는 편지보다 쿠폰을 훨씬 더 좋아했다. 쿠폰을 하루에 2~3개씩 쓰기도 했다. 그리고 아이는 편지를 자신의 보물상자에 담아 두었다. 그러고는 아무도 보지 말라고 덧붙였다.

여전히 아이는 "엄마, 내가 좋아? 솔이가 좋아?"를 묻는다. 그러나 달라진 게 있다면 이젠 자기가 대답을 스스로 한다는 것이다. "당연히 내가 좋지?"라고 말이다. 아이의 생일을 '엄마가 가장 사랑하는 아이가 태어난 날'로 만들고 싶었던 내 바람이 조금씩 이루어지고 있는 것 같다.

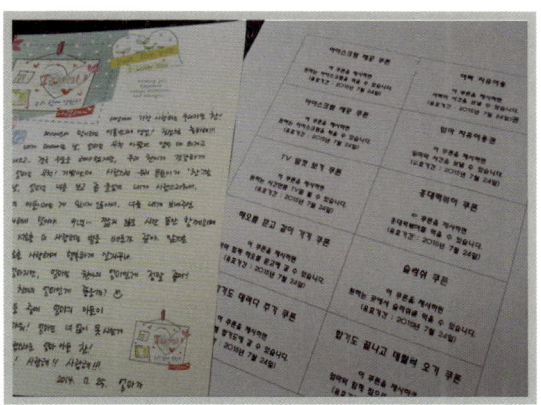

결혼을 축하하는 편지

몇 해 전, 영국에 사는 선배가 결혼 소식을 전해왔다. 유학하며 지내던 곳에서 영국인 남자를 만나 결혼하게 되었다는 소식이었다.

얼마 뒤, 선배는 청첩장을 보내왔다. 청첩장 초대글에는 연리지에 관한 이야기가 있었다. 선배에게 결혼은 연리지(連理枝) 같은 의미였다.

> 서로 다른 두 그루의 나무가 만나
> 한 나무를 이루는 연리지(連理枝)처럼,
> 서로를 향하는 마음으로 하나 되어 행복하게 살겠습니다.
> 사랑과 믿음을 약속하는 날
> 부디 참석하시어 기쁨의 자리를 축복해 주시면
> 더욱 큰 힘이 되겠습니다.

30년 이상 서로 다른 터에서 자라던 나무 두 그루가 하나가 된다는 것은 매우 어려운 일이다. 자라온 땅의 풍토도 다르고, 경험한 비바람의 세기도 다를 것이며, 뻗어 있는 나뭇가지의 크기와 잎사귀의 수도 다를 것이다. 그런 나무가 하나가 된다는 것은 얼마나 어려운 일인가.

초대장을 읽은 뒤 나는 결혼의 의미에 연리지를 추가했다. 그리고 종종 후배들의 결혼식 축하 편지에 이 문구들을 이용하곤 한다.

> 결혼이란, 서로 다른 두 그루의 나무가 만나서
> 한 나무를 이루는 연리지(連理枝)와도 같아.
> 30년 이상 서로 다른 터에서 자란 두 그루의 나무가

한 나무가 되기 위해서 서로 노력하는 거지.
두 나무가 서로를 향하는 마음으로 하나가 되는 것처럼
너와 네 남편도 서로를 향하는 마음으로
행복하게 살아가길 바랄게.

결혼 축하 메시지를 써야 하는데 결혼에 관한 이미지가 잘 떠오르지 않는다면, 명언을 이용해 축하 메시지를 작성할 수도 있다. 현인들의 이야기를 이용해서 축하를 전할 수 있는 것이다.

> 행복한 결혼생활에서 중요한 것은 서로 얼마나 잘 맞는가보다 다른 점을 어떻게 극복해 나가냐는 것이다.   - 톨스토이
> 결혼이란 하늘에서 맺어지고 땅에서 완성된다.   - 존 릴리
> 인생에서 가장 행복할 때는 누군가에게 사랑받는다고 확신할 때이다.
>   - 빅토르 위고
> 훌륭한 결혼이란, 서로가 상대방을 자기의 고독에 대한 보호자로 임명하는 것이다.   - 라이너 마리아 릴케

위의 명언 중에서 존 릴리의 명언을 이용해 보자. 그는 "결혼이란 하늘에서 맺어지고 땅에서 완성된다"고 했다. 첫눈에 반해 사랑에 빠진 남녀는 서로를 하늘이 보내준 선물이라고 믿을 것이다. 이런 사람들에게 존 릴리의 말을 결혼 축하 메시지로 바꿔 쓸 수 있다.

> 영국의 작가 존 릴리가 그랬대.
> '결혼이란 하늘에서 맺어지고 땅에서 완성된다'고.
> 책을 읽다 이 문장을 발견했는데 네가 딱 떠오르더라.
> 너희 두 사람, 하늘이 내려준 서로의 선물이라고 했잖아.

이제 하늘이 맺어주었으니 결혼을 통해서 완성하면 되겠구나!
5월의 신부가 될 너는 얼마나 아름다울까.
많은 시간이 흘러도 결혼이 완성의 끝이 아니라, 완성의 시작임을 잊지 말고 행복하게 살아가렴.
결혼 진심으로 축하해!

책을 읽다가 결혼에 관한 문장을 발견한다거나, 누군가의 청첩장에 좋은 글귀가 보이면 그 문장을 기억해 두자. 그것을 이용하면 세상 어디에도 없는 특별한 축하 메시지를 쓸 수 있다.

출산을 축하하는 후배에게 보낸 편지

생일이나 결혼보다 더 큰 축하가 필요한 때는 바로 아이를 낳았을 때다. 한 아이를 낳는 것은 '새로운 우주를 만나는 것과 같다'고 하니 말이다. 내 안에서 새로운 생명이 생기고, 그 생명이 세상에 존재하게 된다는 것은 인간이 할 수 있는 가장 고귀한 일이 아닐까 생각한다.

첫아이를 낳았을 때를 떠올려 보면 굉장한 감동이었다. 상황이 여의치 않아 수술로 아이를 낳았지만, 마취에서 깨어나 아이를 봤을 때의 감동은 세상 그 어떤 감동과도 비교할 수가 없었다. 그러나 몸은 쉽게 회복되지 않았다. 수술한 부위가 아팠고, 뼈마디가 쑤셨다. 그중 정말 괴로운 것은 그런 상태에서 손님을 맞아야 한다는 것이었다.

경험에 비추어 봤을 때, 누군가 출산을 했다는 소식을 듣고 산모에게 바로 달려가는 것은 민폐가 될 확률이 높다. 그래서 후배들이 종종 출산 소식을 알려오면 일단 문자로 축하를 전하고, 며칠 후에 선물을 보내면서 함께 편지도 보낸다.

수진아.
축하해! 어리게만 보이는 네가 엄마가 되다니….
내가 아이를 낳았다고 했을 때, 선배들의 느낌이 이랬을까? ^^
너와 아기 모두 건강하다니 무엇보다 기쁘구나.
페이스북에 올라온 사진을 보니 아이가 널 많이 닮았더구나.
어찌나 올망졸망 예쁘고 귀엽던지.
지금 당장 달려가서 예쁜 아기도 보고 너에게 직접 축하 인사를 하고 싶지만, 몸조리 하는 데 방해될까 봐 이렇게 축하의 마음을 먼저 보낸다.
그리고 나에게 '이모'라는 이름을 선물해 줘서 고맙다.
누군가에게 이름을 선물한다는 것만큼 의미 있는 일이 또 있을까 싶어.
덕분에 나는 또 한 명의 조카를 만나게 되었네 ^^ 고마워.
건강을 위해서 미역국 잘 챙겨먹고, 몸조리 잘하렴.
그럼 몸조리 끝나면 보자!

출산 축하편지도 마찬가지로 받는 사람에 따라서 내용을 다르게 쓸 수 있다. 출산을 한 사람이 어떤 과정을 통해서 아이를 낳게 되었는가를 생각하면 그 사람에게 맞는 축하편지를 쓸 수 있다. 결혼하자마자 아이가 생겨 출산한 사람과 오랜 시간 동안 아이가 생기지 않아 마음고생을 하다가 아이를 낳은 사람과는 출산을 대하는 생각이 다르기 때문이다.

또 첫 번째 출산이냐 두 번째 출산이냐에 따라서도 달라질 수 있고, 한 명을 낳았느냐 쌍둥이를 낳았느냐에 따라서도 축하의 메시지가 달라질 수 있다. 출산 축하편지도 읽는 사람을 생각하고 쓰는 것이 포인트다.

승진을 축하하는 선생님께 보낸 편지

내가 다닌 고등학교는 사립학교였다. 그래서 나를 가르쳤던 선생님들은 지금도 학교에서 아이들을 가르치고 계신다. 고등학교를 졸업한 지 벌써 20여 년이 흘렀다. 고3 때 담임선생님은 학교의 교장이 되셨고, 미술을 가르치던 선생님은 교감이 되셨다. 그런데 어느 날 고등학교 모임 커뮤니티에 글 하나가 올라왔다. 교감으로 계셨던 정 선생님께서 학교를 떠난다는 글이었다.

며칠 전 학교 행사 때 뵈었을 때도 아무런 말씀이 없었던 터라 나와 친구들은 무척 놀랐다. 지금의 교장 선생님이 교감을 거쳐서 그 자리에 오르셨듯, 우리는 정 선생님도 교감을 거쳐 언젠가는 교장 선생님이 되리라고 믿고 있었다. 그런데 전근이라니! 이게 무슨 일인가 싶었다.

며칠 후 정 선생님이 다른 중학교의 교장으로 가신다는 것을 알게 되었다. 그 소식을 듣고는 서운했던 마음이 접혔다. 이건 분명히 축하할 일이었다. 나는 꽃다발 그림이 있는 엽서를 꺼내 선생님께 축하편지를 썼다.

> 선생님, 축하드려요!
> 멋지게 새로운 삶을 펼칠 선생님의 날들을 힘껏 응원할게요.
> 홈페이지 보니 남자 중학교인가 보네요.
> 고등학교 때 생각하면서 좋은 선생님이 되시리라 믿습니다.
> 선생님! 전근 가셨다고 우리 인연이 끝나는 건 아니란 거 아시죠?
> 우리 제자들이 필요하면 언제든지 연락주세요.
> 한 번 선생님은 영원한 선생님이니까요.
> 선생님, 정말 정말 축하드려요!

편지를 받은 선생님은 문자로 답장을 주셨다. 응원해 주고 축하해 주어서 고맙다는 내용이었다. 화환 대신 보낸 편지 한 통이 제대로 전달된 것 같아 나도 무척 기분이 좋았다.

만약에 승진을 하거나 새로운 일로 제2의 인생을 시작하는 분들에게 축하편지를 써야한다면, '축하'와 '응원'의 마음을 함께 담아 보자.
 더 높은 자리, 혹은 다른 자리에서 새로운 삶을 펼치게 된 것을 축하하고, 그분들의 선택을 존중하고 응원한다는 것을 알리면 된다. 두 마리 토끼를 잡는 것이 나만의 승진 축하편지의 포인트다. 경사스러운 날! 축하 화환을 보내는 것도 좋겠지만, 이렇게 꽃 그림 엽서에 마음을 담은 편지 한 장을 쓰는 것도 좋은 방법이다. 커다란 화분보다 진심이 담긴 편지 한 통이 더 값진 축하 선물이 될 것이다.

 행복감을 심어주는 칭찬편지

인생을 바꾼 칭찬 한 마디

나는 어릴 때부터 노래 부르는 걸 좋아했다. 노래는 내가 가장 잘할 수 있는 일이었다. 학창시절 내내 합창반에서 활동을 했고, 학교 행사 때마다 대표로 노래를 부르는 날이 많았다. 그래서 나는 커서 가수가 될 거라고 생각했다. 나를 아는 사람들도 내가 음악을 하게 될 거라고 생각했다. 그러나 나는 글 쓰는 사람이 되었다.

초등학교 5학년 때의 일이다. 겨울방학 숙제로 독후감과 글짓기를 했다. 개학을 하고 숙제를 제출했는데 선생님께서 나를 부르셨다. 내가 쓴 독후감과 글짓기가 좋다며 세 편 모두 우수 과제물로 뽑았다는 것이다. 특히 『소공녀 세라』를 읽고 쓴 독후감을 무척 칭찬해 주셨다.

그리고 그해 성적표에는 '글쓰기에 뛰어난 재주가 있음'이라고 써 있었다. 나는 그때 내게 노래 말고 다른 재주가 있다는 것을 처음 알았다.

선생님의 칭찬 한 마디는 내게 많은 용기를 주었다. 6학년으로 진학한 뒤, 교내에서 글 쓰는 일이 있으면 자진해서 글을 쓰곤 했다. 그 시간들은 내게 습작할 수 있는 시간이 되었고, 남들보다 더 많이 글을 쓸 기회를 가졌으며 덕분에 글쓰기 실력도 조금씩 늘었다. 결국 나는 가수가 아닌 작가가 되었다.

누군가의 칭찬에 새로운 길을 걷게 된 건 나뿐만이 아니다. 프랑스의 유명한 디자이너 피에르 가르댕은 이름 모를 여인의 칭찬 한 마디에 본격적으로 옷을 만들기 시작했고, 우리나라 축구 영웅 박지성은 히딩크 감독의 "정신력이 뛰어나다"는 칭찬 한 마디에 부상의 좌절감을 떨쳐냈다. GE의 CEO 잭 웰치는 어린 시절 말을 더듬었다. 그렇지만 "말보다 생각의 속도가 더 빠르다는 증거"라고 말해준 엄마의 칭찬에 자신감을 되찾고 성공할 수 있었다.

뇌과학 이론에 따르면, 칭찬을 들으면 뇌에서 긍정 호르몬이 나온다고 한다. 누군가가 건넨 칭찬을 들음과 동시에 세로토닌이나 도파민 같은 호르몬 분비가 증가된다는 것이다. 세로토닌과 도파민은 마음이 평화롭거나 행복할 때 분비되며 이 호르몬이 분비되면 활기가 샘솟고 부정적인 생각이 사라지게 된다고 한다. 재미있는 사실은 스스로 자신을 칭찬할 때도 긍정 호르몬이 나온다는 것이다.

칭찬은 과학적으로도 듣는 사람을 행복하게 만든다. 그리고 그 행복은 인생을 바꾸는 중요한 터닝포인트가 되기도 한다. 누군가를 칭찬하고 인정하는 것은 좌절감에 빠진 사람에게 희망의 빛을 건네는 것이며, 의기소침한 사람에게는 자신감을 심어주는 일이다. 누군가의 모습에서 칭찬할 점을 발견했다면 망설이지 말고 표현하자. 당신의 말 한 마디가 한 사람의 인생을 긍정적으로 바꿔 놓을 수도 있으니 말이다.

그의 상사에게 보낸 칭찬편지

몇 년 전 현충일이었다. 동네 놀이터에서 아이들을 지켜보고 있는데 놀이터 한쪽에 있는 수돗가에서 물이 새고 있었다. 달려가 수도꼭지를 잠갔지만 계속 헛돌았고 물은 그치지 않았다. 수도꼭지에서 꽤 많은 양의 물이 계속 흐르고 있어서 여간 신경 쓰이는 게 아니었다.

아무래도 안 될 것 같아 휴대폰으로 서울 다산콜 센터에 전화를 했다. 동네 이름과 상황을 이야기했더니 해당 구청 담당자에게 연락을 해주겠다고 했다. 나는 알겠다고 하고 전화를 끊었다. 오늘이 현충일이니 내일이나 돼야 담당자들에게 연락이 가겠거니 했다. 그런데 잠시 후 놀라운 일이 벌어졌다. 구청에서 공무원이 나와 수도꼭지를 점검한 것이다.

잠시 후, 내게 구청 직원이 가서 점검했으나 내일쯤 새로운 수도꼭지를 교체할 수 있을 것 같다는 문자가 왔다. 다음날에는 새로운 수도꼭지로 교체했다는 내용이 전달되기도 했다. 그 후 놀이터의 수도꼭지는 튼튼하고 예쁜 것으로 바뀌어 있었다.

나는 휴일임에도 불구하고 놀이터까지 직접 와준 구청직원을 칭찬하고 싶었다. 어떻게 하면 그분을 제대로 칭찬할 수 있을까 고민하다 서울시장님께 편지를 썼다. '누군가를 칭찬하려면 상사에게 전하라'는 말이 떠올랐기 때문이다.

박원순 시장님께

안녕하세요? 시장님!

저는 관악구에 살고 있는 윤성희라는 시민입니다.

제가 이렇게 시장님께 편지를 드리는 이유는 서울시 공무원, 관악구청에 근무하시는 분을 칭찬해 드리고 싶기 때문입니다.

지난 6월 6일! 현충일이었지요. 아이들을 데리고 동네 놀이터에 갔다가 공원 한쪽에 있는 수돗가에서 물이 계속 새는 것을 보았습니다.

놀이터에 함께 갔던 언니와 제가 있는 힘껏 수도꼭지를 잠가 보았지만 계속 헛돌았어요. 물이 새는 걸 그냥 둘 수도 없고, 어쩌나 하다가 다산콜센터에 전화를 했습니다. 자세한 내용을 이야기했더니 바로 관악구청 당직자에게 알려주신다고 하더군요.

그런데 놀라운 일이 벌어졌어요. 전화를 끊고 얼마 지나지 않아 구청에서 담당자분이 놀이터로 오신 것입니다. 사실 전화를 하면서도 오늘이 휴일이라 바로 조치되지 않을 거라고 생각했거든요. 그런데 구청에서 바로 나오셔서 얼마나 놀랐는지 몰라요. 아, 나의 의견이 접수가 되고 반영이 되는구나! 싶어서 놀랐답니다.

그 후 제게 계속 문자 메시지로 처리 상황을 알려주셨습니다. 6월 7일! 수도꼭지를 교체했다는 소식을 받고 놀이터에 가보니 지난번보다 훨씬 좋은 수도꼭지로 교체되어 있었어요. 수도꼭지를 보면서 무척 흐뭇했습니다.

그분 찾아뵙고 감사인사를 전하고 싶지만, 성함을 알 수가 없어서요. 시장님께서 저 대신 6월 6일 놀이터로 와주신 관악구청 소속 당직자분을 꼭 칭찬해 주시고 감사하다고 전해주세요.

시장실로 편지를 보내면서 이 편지가 제대로 전달되기를 바랐다. 그래서 그날 와준 구청직원이 제대로 칭찬을 받을 수 있었으면 좋겠다고 생각했다.

며칠 후, 후배 한 명이 내게 연락을 해왔다. 서울시장님이 자신의 페이스북에 내 편지를 올렸다는 것이다. 서둘러 컴퓨터를 켜고 시장님의 페이스북을 보니 정말 내가 보낸 편지 내용이 올라와 있었다. 그리고 시장님께서는 그날 놀이터로 와주신 관악구청 직원을 찾아서 꼭 칭찬해 주시겠다고 약속하셨다.

구체적으로 칭찬하는 법

칭찬은 "귀로 먹는 보약"이라는 말이 있다. 칭찬이 그만큼 듣는 사람에게 좋은 영향을 미친다는 뜻이다. 그런데 의외로 칭찬하기를 힘들어하는 사람들이 많다. 대개 이런 사람들은 표현하지 않아도 상대방이 나의 마음을 다 알 거라고 믿거나, 칭찬이 혹시 아부로 비칠까 봐 두려워한다. 그러나 사람의 마음은 표현하지 않으면 100% 전달될 수 없으며, 칭찬과 아부는 분명히 다르다.

칭찬과 아부의 가장 큰 구별 방법은 칭찬의 중심이 누구인가에 있다. 칭찬은 그 중심에 상대방이 있지만 아부는 그 말의 중심에 내가 서 있다. 이 말을 함으로써 내게 돌아오는 이익을 전략적으로 계산하게 되는 것은 아부에 불과하다. 아부는 또한 과장되게 포장하거나, 있지도 않은 사실을 미화하기도 한다. 아부는 이렇게 무조건 상대방이 듣기 좋은 말만 골라서 그의 귀에 넣어 주는 것이다.

제대로 된 칭찬을 하려면 있는 그대로의 것을 구체적으로 말해야 한다. 무조건 "대단해!"라든가 "훌륭하다"고 하는 것은 좋은 칭찬이 아니다. 무엇이 대단하고 어떤 점이 훌륭한가를 자세히 알려주어야 한다. "어제 네가 쓴 책을 읽었는데 정말 대단했어. 스토리가 아주 흥미진진하던데"라든가, "당신의 인테리어 감각은 정말 훌륭해. 수납 처리를 이렇게 깔끔하게 하는 사람은 처음 봤어!"라고, 칭찬할 것을 구체적으로 이야기해 주어야 한다.

또 칭찬을 할 때 잊지 말아야 할 것은, 결과보다 과정이 더 중요하다는 것이다. 부하 직원이 새로운 제품의 프레젠테이션을 성공적으로 마쳤다고 생각해 보자. 상사인 당신은 프레젠테이션이 끝난 뒤 그에게 다가가 이렇게 말할 수 있을 것이다.

"이번 프레젠테이션은 정말로 훌륭했네. 오늘 아주 잘했어!"

상사에게 이런 말을 듣는다면 기분이 참 좋을 것이다. 그러나 부하 직원을 더 기쁘게 하는 방법은 그 직원이 프레젠테이션을 준비하기까지의 과정도 함께 칭찬해 주는 것이다. 물론 편지로 말이다.

김 대리!

오늘 김 대리가 한 프레젠테이션은 정말 훌륭했어요.

신제품에 관한 설명을

어쩜 그렇게 귀에 쏙쏙 들어오게 잘하던지

아직 출시되지 않은 제품인데도 사용법이 무척 익숙하게 들리더군요.

김 대리의 목소리는 프레젠테이션을 위해 타고난 목소리라고 다들 칭찬이 자자해요.

듣는 사람들에게 호감을 느끼게 하는 목소리잖아요.

그동안 프레젠테이션 준비하면서

무척 애썼다는 것, 잘 알고 있어요.

매일 늦게까지 남아서 연구하고 고민해 준 김 대리에게

진심으로 고맙다는 말을 하고 싶었어요.

오늘 정말 수고 많았어요.

이 편지는 김 대리가 단지 프레젠테이션을 성공적으로 끝낸 것만을 칭찬하지 않는다. 그가 프레젠테이션을 준비하면서 수없이 고민하고 연구했던 지난 시간도 칭찬하고 있고, 그의 목소리와 설명 방법까지도 칭찬하고 있다. 만약 당신이 프레젠테이션을 한 김 대리라고 생각해 보자. 상사가 "오늘 수고했네"라고 한 마디를 건네는 것과 결재서류나 보고서에 이런 편지 한 통을 살짝 끼워서 주는 것 중에서, 어느 것이 더 김 대리에게 감동을 줄까? 당신의 칭찬을 기다리고 있는 박 대리, 이 대리, 차 대리…도 모두 같은 마음이라는 것을 잊지 말자.

칭찬을 전하는 편지들

음식점 대표에게 보낸 편지

음식점이나 카페에 갔을 때 유난히 마음에 드는 곳을 발견할 때가 있을 것이다. 대개 그런 곳은 개인이 운영하는 작은 곳이라, 조금만 마음을 열면 새로운 인연을 만들 수 있다.

    어느 날, 함께 공부하는 사람들과 작은 한정식집에 갔다. 주인이 혼자 음식을 만들고 서빙까지 하는 곳이었다. 모든 음식은 제철 채소들을 이용해서 만들기 때문에 매일매일 먹을 수 있는 것이 달랐다. 그날의 요리는 연근 샐러드와 미나리 무침, 그리고 고기 부추가 곁들인 음식이었는데 무척 맛이 있었다. 나는 집으로 돌아와 편지 한 통을 썼다.

> 대표님!
> 맛있는 음식에 커피까지 마시고 와서 아직도 배가 든든해요!
> 저는 오늘(5/10) 저녁에 방문했던 '윤성희'예요.
> 연근 샐러드 맛있다고 한 사람인데 기억하실까요?
> 오늘의 음식으로 나온 연근 샐러드는 정말 독특했어요. 미나리 무침과 고기 부추도 참 맛있었고요. 매운 건 잘 못먹는데 그럼에도 불구하고 얼마나 많이 먹었는지 몰라요.
> 그곳의 공간도 제 맘에 꼭 들었어요. 어쩜 모든 소품들이 있는 듯 없는 듯 저마다의 자리를 딱 찾아서 있는지. 정말 매력적이었답니다.
> 대표님의 음식 솜씨와 인테리어 감각은 정말 훌륭한 것 같아요.
> 오늘 음식 정말 감사했고요, 종종 찾아 갈게요.
> 다음에도 맛있는 음식 부탁드립니다!~

이 편지를 보낸 뒤, 다시 한 번 그 음식점을 찾아갔다. 이번에는 친구들과 함께였다. 문을 열고 음식점 안으로 들어서는데 바로 앞에 내가 보낸 편지가 보였다. 음식점 대표님이 편지를 가장 잘 보이는 곳에 걸어두고 보낸 사람을 찾고 있었던 것이다. 테이블을 잡고 앉은 나는 주문을 받으러 온 대표님께 저 편지를 쓴 사람이라고 알려드렸다. 그랬더니 무척 반가워하시면서 내가 보낸 편지 덕분에 얼마나 행복했는지 모른다며 고맙다고 하셨다. 그날 나는 대표님이 개발한 새로운 메뉴를 처음으로 먹어 보는 호사까지 누렸다.

노래 잘하는 후배에게 보낸 편지

지난해 봄, 청소년들을 위해 헌신하는 젊은이들과 함께하는 모임이 있었다. 그들 대부분은 함께 작업을 했던 선후배들이었다. 조금 늦게 도착한 나는 어느 자리에 앉을까 고민하다 노래를 잘하는 수현이 옆에 앉았다. 오랜만에 그녀의 예쁜 목소리를 들을 수 있다는 기대감 때문이었다.

나는 수현이의 노랫소리를 무척 좋아했다. 그리고 그날 모임에서 그녀의 노래를 들으며 평화를 느꼈다. 그래서 모임이 끝나고 수현이에게 명함을 한 장 받았다. 손편지를 보내고 싶었기 때문이다.

수현아!
회사로 날아든 편지에 깜짝 놀랐지?
어제 너와 함께 모임 하면서 오랜만에 네 목소리 들으니까 참 좋더라.
사실 어제 네가 노래하는 목소리를 가까이에서 들으려고 일부러 너 있는 쪽에 가서 앉았단다.
네 목소리는 사람의 마음을 편안하게 해주는 매력이 있거든.
어쩜 그렇게 곱고 고운지. 들어도 들어도 또 듣고 싶어져.
어제 네 옆에 앉아서 너와 함께 노래하며
너의 목소리를 라이브로 들을 수 있었던 건 행운이었어.
고운 목소리로 노래해 줘서 고마웠다.
다음에 또 이런 자리가 마련된다면 그때도 네 옆에 앉을 거야! 히힛!
잘 지내렴.

편지를 보낸 지 꽤 여러 달이 지났지만 수현이에게 별다른 연락이 없다. 어쩌면 내가 편지 봉투에 쓴 주소가 틀렸을지도 모르고, 혹은 수현이가 편지를 받았지만 바빠서 내게 연락하는 걸 잊었을지도 모른다. 그러나 괜찮다. 수현이를 칭찬하는 동안 내게도 세로토닌과 도파민이 분출되는 것을 느낄 수 있었으니까 말이다. 칭찬은 듣는 사람뿐만 아니라 하는 사람에게도 긍정의 힘을 준다는 사실을 잊지 말자.

포기하지 않고 노력하는 아이에게 보낸 편지

어느 날 아침, 자고 일어난 아이가 피아노를 치기 시작했다. 새롭게 배우고 있는 음악인지 틀리는 곳만 계속 연습을 하고 있었다. 밥을 차리며 아이의 연주를 듣다가, 문득 아이가 끈기가 있는 성격이라는 생각이 들었다. 다른 것들은 하다가 안 되면 쉽게 포기하기도 하는데, 유독 피아노 앞에서만은 그걸 그냥 넘기지 않고 계속 연습하는 모습이 참 대견해 보였다.

나는 아이의 이 점을 칭찬해 주고 싶었다. 그동안은 하기 싫은 걸

자꾸 뒤로 미룬 적이 많았는데 이런 점이 있다는 것을 알았으니, 칭찬으로 그 능력을 키워주고 싶었던 것이다. 토마스 드라이어(Thomas Dreier)가 말했다고 하지 않던가. '칭찬에는 언제나 능력을 키우는 힘이 있다'고. 나는 아이가 학교에 간 사이에 짧은 편지를 썼다.

> 오늘은 완전 가을 같아. 바람이 제법 쌀쌀하네.
> 아침에 일어나서 밥 먹고 "잘 먹었습니다!"라고 인사해 주는 멋진 아들. 별 볼일 없는 반찬이었지만, 네가 그렇게 이야기해 줘서 얼마나 고마웠는지 몰라. 그리고 아침에 피아노 치는 널 보면서 네가 대견하다고 생각했단다.
> 엄마는 네가 악보를 보면서 피아노를 연주한다는 것도 무척 신기하거든. 그런데 네가 틀리는 부분을 계속 해서 연습하는 모습을 보면서 네가 무척 끈기가 있다는 걸 새삼 깨달았단다.
> 치기 어려운 부분인데 그냥 대충 넘어가지 않고 계속 그 부분만을 반복해서 연습하는 널 보면서 역시 '한다면 하는 사람이구나' 생각했지.
> 네가 그랬잖아. '나는 한다면 하는 사람!'이라고.
> 포기하지 않고 끈기 있게 하고 싶은 것을 해나가는 우리 찬.
> 큰 소리로 칭찬해 주고 싶었지만, 칭찬의 소리들이 공중으로 흩어질까 봐 이렇게 편지로 전한다.
> 네가 엄마의 아들이라는 게 무척 자랑스러워! 사랑해!~

학교에서 돌아온 아이는 책상 위에 있는 편지를 보더니 씨익 웃은 후 나에게 고맙다거나 사랑한다는 말도 하지 않고 그냥 조용히 자신의 보물상자 속에 편지를 넣었다. 그러나 나는 말하지 않아도 알 수 있었다. 아이가 무척 행복해 했다는 것을.

설명을 쉽게 잘하는 남편에게 보낸 편지

나는 똑같은 내용을 여러 번 말하는 것을 별로 좋아하지 않는다. 그래서 똑같은 내용을 강의할 때도 예시들을 바꾸거나, 새로운 것들을 추가해서 설명하고는 한다. 이런 내 성격은 좋은 엄마 되기를 일찌감치 포기하게 했다. 아이들은 똑같은 것을 얼마나 여러 번 물어보는가? 매번 똑같은 것을 물으니 대답해 주는 게 여간 귀찮은 게 아니다. 그러나 남편은 똑같은 것을 100번 물어봐도 100번 모두 친절하게 설명해 주는 사람이다.

연애를 할 때 나는 그런 남편이 좋았다. 모르는 걸 물으면 이해하기 쉽게 잘 설명해 주고, 또 물어도 귀찮아하지 않고 잘 대답해 주었다. 내게 이것은 매우 특별한 능력으로 보였다.

아이들에게도 남편은 자상한 아빠다. 아이들이 무언가를 물어보면 그들의 눈높이에 맞추어 차근차근 잘 설명해 준다. 아이들과 대화하는 남편은 늘 아이들의 언어로 이야기를 하고, 아이들이 이해할 때까지 몇 번이고 설명해 준다. 나는 이런 남편을 칭찬해 주고 싶었다. 그래서 오랜만에 남편에게 엽서를 썼다.

> 여보.
> 당신이 가진 가장 큰 능력은 어떤 말이든 이해하기 쉽게 해준다는 거예요. 듣는 사람의 눈높이에 맞는 단어들을 찾고, 그 사람이 이해할 수 있는 언어로 자세하게 설명해 주는 능력, 정말 멋있어요.
> 어제도 아이들에게 찬찬히 설명해 주는 당신을 보면서 참 자상한 아빠라는 걸 다시 한 번 느꼈답니다.
> 내겐 없는 특별한 능력을 가진 당신, 진심으로 존경합니다.

가까운 사이일수록 칭찬을 하는 것이 어렵다. 왠지 쑥스럽기 때문이다. 그러나 쑥스러운 것은 잠깐이지만, 칭찬을 받을 때의 행복감은 오랫동안 지속된다.

지금 누군가를 행복한 삶으로 초대하고 싶다면, 그 사람의 장점을 떠올리고 편지를 써 보자. 당신의 칭찬 한 마디가 그 사람의 삶을 충만하게 만들 것이다.

4장
관계를 이어주는 손편지 기술 2

 진심의 힘을 발휘하는 부탁편지

부탁편지의 힘

나는 가끔 진심을 담은 편지 한 통이 생각보다 큰 힘을 발휘한다는 것을 경험으로 깨닫곤 한다. 그런데 얼마 전 열 살 소녀가 소련의 서기장에게 보낸 편지를 보면서, 편지의 힘은 내가 생각하는 것보다 훨씬 더 엄청나다는 것을 깨달았다.

1982년 11월, 소련의 공산당 서기장 레오니트 브레즈네프가 사망하고 유리 안드로포프가 후임 서기장으로 취임했다. 그러나 소련의 새로운 서기장은 세계의 평화를 위협하는 존재로 여겨졌고, 사람들은 그가 언젠가 전쟁을 일으킬 것이라고 생각했다.

그해 11월 22일, 미국의 시사주간지 「타임」지는 안드로포프를 커버스토리로 다루었다. 미국에 살고 있던 열 살 소녀 서맨사 스미스는 그 기사를 읽고 궁금했다. '왜 사람들은 안드로포프에게 전쟁을 일으킬 건지 직접 물어보지 않고 걱정만 하는 것일까?' 그때 그녀의 어머니는 딸에게 안드로포프에게 궁금한 것을 직접 물어보라고 제안했다. 소녀는 안드로포프에게 다음과 같은 편지를 썼다.

친애하는 안드로포프 서기장님께.
저는 서맨사 스미스이며 열 살입니다.
새로운 서기장이 되신 것을 축하드립니다.
저는 미국과 소련이 핵전쟁을 하게 될까 봐 걱정해 왔습니다.
서기장님은 정말 전쟁을 하길 원하시나요?
만약 그게 아니라면 전쟁을 막기 위해
무엇을 하실 건지 답변 부탁드립니다.
여기에 대해 답변하지 않으셔도 되지만,
저는 서기장님이 세계, 혹은 최소한 우리 미국을 정복하고 싶어하는 이유에 대해 알고 싶습니다.
신께서는 서로 싸우지 말고 평화롭게 지내라고 이 세상을 만드셨습니다.
– 존경하는 마음을 담아, 서맨사 스미스 –

이 편지는 「프라우다」 신문에 실렸지만, 안드로포프는 대답하지 않았다. 그런데 5개월 후인 1983년 4월 26일, 안드로포프는 서맨사 스미스에게 답장을 보냈다. 편지 속에는 본인도 전쟁을 원치 않으며 평화 속에 살기를 바란다는 내용이 담겨 있었다. 그리고 부모님이 허락한다면 스미스를 소련으로 초대하고 싶다고도 전했다. 그 후, 서맨사 스미스는 1985년 비행기 사고로 사망할 때까지 소련과 미국의 친선대사로 활동하면서 언론의 주목을 받았다.

　서맨사 스미스는 겨우 열 살의 꼬마였지만, 안드로포프에게 전쟁을 원치 않는 자신의 마음을 담아 편지를 보냈다.

　소련과 미국이 더 이상의 전쟁을 하지 않은 이유가 비단 소녀의 편지 때문만은 아니겠지만, 서맨사 스미스의 편지가 세계 평화의 작은 씨앗이 되었음을 부정할 수는 없을 것이다.

발명왕 토머스 에디슨도 부탁편지가 상대방의 마음을 움직일 수 있다는 것을 알았다. 미국 최초로 발명을 목적으로 하는 연구소를 만든 에디슨은 1887년 뉴저지 주의 웨스트 오렌지에 또 하나의 연구소를 짓기로 했다. 첫 번째 연구소보다 훨씬 더 큰 규모였고, 따라서 발명을 연구하는 과학자와 엔지니어도 더 필요했다. 그는 자신의 후원자인 J.우드라이트에게 새로운 연구소를 소개하는 편지를 보냈다. 물론 이 편지의 목적은 두 번째 연구소를 지을 수 있도록 도와달라는 것이었다.

에디슨의 편지를 받은 J.우드라이트는 새로운 연구소를 열 수 있도록 후원해 주었고, 그의 후원은 미국의 발명이 '헛간'을 떠나 기업 연구소로 전환하는 데 큰 역할을 하게 된다.

부탁편지는 말로 하는 부탁보다 더 큰 힘을 가지기도 한다. 편지를 쓰는 동안 말이 갖지 못한 힘, 시간의 힘이 더해지기 때문이다. 편지를 아무리 잘쓰는 사람일지라도 누군가에게 부탁편지를 쓰는 것은 쉽지 않은 일이다. 그만큼 충분히 고민해야 하고 단어 하나도 신중하게 선택해야 한다. 누군가 내게 부탁편지를 썼다는 것은 그 사람이 나를 위해 적지 않은 시간을 할애했음을 의미한다.

또한 말이 즉각적인 반응을 요구하는 데 비해 편지는 읽는 사람에게 고려할 수 있는 시간적인 여유를 준다. 상대방이 내게 하는 부탁을 들어주어도 좋을지 충분하게 생각해 볼 수 있는 것이다. 따라서 그 결과에 대해서 후회할 확률은 줄어들게 된다. 보내는 사람도 충분히 고려해서 부탁을 하는 것이고, 대답하는 사람 또한 많은 생각을 하고서 대답하기 때문이다.

손편지로 보내는 제안서

나도 에디슨처럼 부탁편지의 덕을 톡톡히 본 사람 중에 하나다. 국내 기업들에게 강의를 부탁하는 제안편지를 보내면서 강단에 서게 되었기 때문이다.

나는 원래 프리랜서 작가로 기업에서 일을 받아 홍보물, 이러닝 콘텐츠의 시나리오, 사보나 사사(社史) 등을 만들었다. 그러나 그것은 '나의 글'이 아니라 '기업의 글'이 되곤 했다. 나도 이제는 내 이름을 걸고 일을 하고 싶었고, 그러다가 '편지쓰기 강의'를 생각했다. 편지쓰기라면 누구보다도 자신 있었기 때문이다.

그런데 편지를 쓰는 것과 편지 쓰는 방법을 가르치는 것은 달랐다. 우선 더 많은 자료가 필요했고 공부를 충분히 해야 했다. 나는 논문과 다큐멘터리, 책과 영화들을 보면서 자료를 모았고, 그동안 내가 써왔던 편지들을 이용해 나만의 강의안을 만들었다. 그러나 문제는 홍보였다.

내가 아무리 좋은 강의안을 가지고 있어도 아무도 그 사실을 몰라주면 어디에서 강의를 할 수 있겠는가? 그래서 나는 직접 홍보를 하기로 마음먹었다. 어떻게 홍보를 할까 생각하다가 국내보험사의 리스트를 뽑았다. 그리고 홈페이지에 들어가서 교육담당자들을 찾아냈다. 홈페이지에서 담당자를 찾을 수 없을 때는 신문의 '인사'란을 뒤져 교육부서의 부서장들을 찾아냈고, 그들에게 제안편지를 보냈다.

내가 가장 먼저 제안편지를 보낸 곳은 B사였다. 홈페이지에 들어가 보니 마침 교육부서의 담당자가 소개된 글이 있었다. 나는 그 글을 꼼꼼하게 읽고, 그 사람이 호감을 가질 수 있는 내용들로 편지를 썼다.

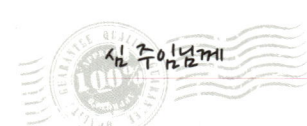
심 주임님께

안녕하세요? 심 주임님. 낯선 편지에 놀라셨죠?
저는 프리랜서 작가로 활동하고 있는 윤성희라고 합니다. 16년 동안 잡다한 글을 써와서 '잡가 윤성희 선생'으로 불리기도 하지요. ^^
주임님께서는 대학에서 교육학을 전공하셨다지요? 누군가를 가르친다는 것은 결코 쉬운 일이 아니지만, 그만큼 보람 있는 일도 없는 것 같아요. 강의를 준비하는 과정은 정말 힘들지만 내가 준비한 것들을 함께 나누는 기쁨은 이루다 말할 수가 없지요. 제가 주임님의 그 마음을 조금, 아주 조금은 알 수 있을 것 같아요.

제가 이렇게 주임님께 불쑥 편지를 보낸 이유는, 주임님께 제안하고 싶은 것이 있어서예요. B사의 사이트를 보다가 심 주임님께서 FP님들의 교육을 담당하고 있다는 것을 알게 됐거든요. 마침 제가 그분들을 위한 '편지쓰기 강의안'을 가지고 있어서 주임님과 함께 이야기를 나누고 싶었습니다.
많은 분들이 고객에게 편지를 보내지요. 요즘은 손으로 쓰는 편지보다 이메일을 보낼 때가 더 많지만, 손으로 쓰는 편지만큼 고객에게 감동을 주는 것도 없는 것 같아요.
그래서 가끔 손으로 편지쓰기를 시도하지만 한 줄을 쓰기가 힘든 게 현실이죠. 고민 고민 하다가 결국 DM 관련 책을 뒤적여서 대충 써서 보내고 마는데요. 내가 설득하고 싶고, 내 편으로 만들고 싶은 고객에게 딱 맞는 편지쓰기를 원하는 분들을 위해서 제 강의를 제안하고 싶어요.

제가 하는, 편지쓰기 강의는 '나만의 독특한 감동편지로 고객의 가슴에 나를 새기는 방법'을 알려주는 강의예요. 누구나 다 아는 방법, 누구나 다 할 수 있는 방법이 아니라, 나만의 것을 만드는 방법을 알려주는 강의랍니다.

혹시 그런 강의를 원하신다면 제가 달려갈게요. 강의 기획안을 살펴보시고, '편지쓰기' 강의가 필요하시다면 연락주세요.

그럼 조만간 주임님과 함께 차 한 잔 마실 날을 꿈꾸면서 이만 마치겠습니다. 환절기 감기 조심하시고, 오늘도 한 사람 한 사람을 위해서 즐겁게 고민하는 하루가 되길 바랍니다.

편지를 보내고 며칠 뒤 교육팀장에게서 연락이 왔다. 시연을 보고 강의 시간을 배정해 주겠다고 말이다. 나는 그동안 준비한 자료들을 가지고 시연을 했고, 얼마 후 그곳에서 '편지쓰기 강의'를 진행했다.

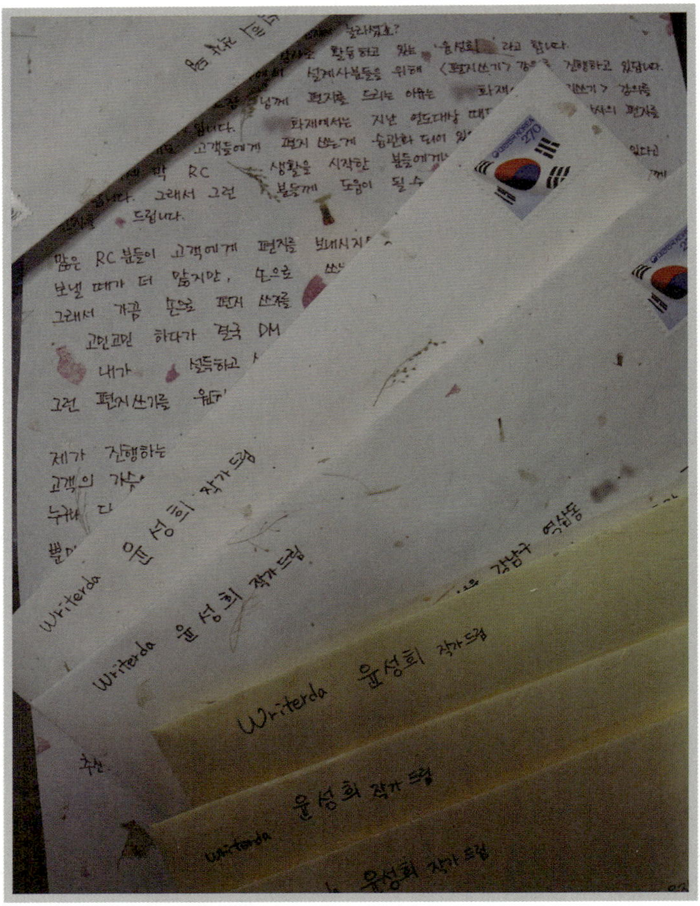

편지도 제안서가 될 수 있어요.
손편지라면 더욱 효과적이랍니다.

진정성을 보이는 방법

편지쓰기 강의를 준비하면서 나는 열 곳의 회사에 손편지 제안서를 보냈다. 되도록 담당자의 이름을 찾아내어 그 사람에게 직접 보내고 싶었지만, 이름을 알 수 없을 때는 수신인을 '교육팀장'으로 했다. 어떤 경우는 교육부서를 관할하는 부서장에게 보낸 곳도 있었다. 그렇다면 교육담당자와 팀장, 그리고 부서장에게 보낸 열 통의 편지 중에서 과연 내게 연락을 한 곳은 얼마나 될까?

 강의 때마다 이런 질문을 하면 사람들은 대개 1~2곳을 이야기한다. 그러나 내가 아니라고 도리질을 치면 3~4곳을 얘기했다가 10개의 회사 모두라고 찍는 경우도 있다. 여러분이 만약에 손편지로 쓴 강의 제안서를 받는다면 보낸 이에게 연락을 할까, 하지 않을까?

제안편지를 받고 내게 연락을 한 곳은 7개의 회사였다. 무려 70%의 사람들이 연락을 한 것이다. 나는 이것이 '손편지의 힘'이라고 믿는다. 내가 만약에 손편지가 아닌 이메일로 제안서를 보냈다면 어땠을까? 그랬다면 아마 그 메일은 바로 스팸 처리 되었거나 수신 직후 삭제되었을지도 모른다. 사람들이 내게 연락을 한 이유는 바로 '손글씨' 때문이었다.
 손글씨만큼 진정성을 보일 수 있는 도구가 또 있을까? 손글씨로 마음을 전한다는 것은 말로 하거나 워드로 치는 것보다 훨씬 많은 정성이 들어간다. 편지를 받은 사람은 편지를 읽으면서 쓴 사람의 정성도 함께 읽는다. 실제로 제안편지를 받고 내게 연락했던 사람들은 '손글씨'에 반해서 연락을 했다고 했다. 그러고는 한결같이 물었다. 어떻게 손으로 편지를 쓸 생각을 했느냐고 말이다.

손편지를 받고 감동한 기업의 사람들은 생각했을 것이다. 자신이 손편지에 감동한 것처럼, 고객들도 손편지를 받으면 감동할 거라고 말이다. 그래서 그들은 나에게 강의를 부탁했고, 나는 그렇게 편지쓰기 강사가 되었다.

손편지로 부탁편지를 쓴다고 해서 모두가 부탁을 들어주는 것은 아니다. '누울 자리를 보고 다리를 뻗는다'는 말처럼, 내가 제안하는 것이 필요한 곳인지 확인하고 연락해야 한다. 내가 손편지가 필요한 영업인들을 대상으로 강의 제안서를 냈듯이 말이다. 만약에 내가 의상 디자이너들에게 편지쓰기 강의를 제안했다고 생각해 보자. 그들 중에 과연 몇 명이 나에게 연락을 해왔을까?

이처럼 강의 제안편지나 혹은 계약을 제안하는 편지를 쓸 때는 먼저 상대방에 대해서 충분히 인지하고 있어야 한다. 그 사람이 어떤 사람이며, 무엇을 필요로 하고 있는가를 체크해야 하는 것이다. 그리고 내가 상대방이 원하는 것을 채워줄 수 있다는 것을 충분히 알려야 한다. 물론 그럴 때도 편지의 모든 관심사항은 읽는 사람에게 모아져 있어야 한다.

어느 정도 관계가 형성된 사람에게 부탁편지를 쓸 경우에도 편지쓰기 법칙은 비슷하다. 한 가지 다른 것이 있다면 상대방을 칭찬한 후에 부탁을 한다는 것이다. '칭찬은 고래도 춤추게 한다'고 했다. 어떤 부탁이든 사람이 기분 좋을 때 하는 것과 기분 나쁠 때 하는 것은 다르다. 일단 상대방의 장점을 떠올리고, 그 장점과 내가 부탁하려고 하는 것에 어떤 관련이 있는가를 생각해 보자.

어떤 회사에서 강의를 할 때의 일이다. 편지쓰기 실습 시간에 K부지점장이 손을 번쩍 들었다. 자신이 쓴 편지를 검토해 달라는 신호였다. 나는 부지점장에게 다가가 그가 쓴 편지를 읽었다.

부지점장은 지점장에게 편지를 썼다. 지점장의 경영방침에 이의가 있다는 내용이었다. 편지에는 지점의 발전을 생각한다면 사람들의 이야기에 귀 기울이라는 충고도 있었다. 내가 지점장이라면 그 편지를 받는 즉시 그를 불러 호통을 칠 것 같은, 받는 사람이 무척 기분이 상할 내용의 편지였다.

그런데 이 편지는 부탁편지였다. 지점을 위해서 함께 노력하자는 화합과 상생을 이야기하는 제안편지였던 것이다. 나는 편지를 처음부터 천천히 다시 읽었다.

지점장은 오늘 아침 직원들에게 비난의 말을 쏟아부었다. 출퇴근 시간을 잘 지키지 않는 직원들에게 기본도 지키지 못하는 사람들이라며 화를 낸 것이다. 하나부터 열까지 마음에 드는 것이 없다며 직원들을 무시하기도 했다. 기본도 못 지키고, 실적도 올리지 못하는 사람들이라고 화를 내며 이럴 거면 여기 왜 나와 있느냐고 다그치기도 했다.

K부지점장은 직원들과 소통하기보다 위에서 군림하려는 지점장이 마음에 들지 않았다. 그가 볼 때 지점장은 직원들이 왜 그러는지, 어떻게 하면 그들을 적극적으로 변화시킬 수 있는지에는 관심이 없어 보였다. 그래서 지점장에게 자신의 솔직한 심정을 편지로 쓴 것이다. 지점장님께서 이런 식으로 하니까 직원들이 더 열심히 하지 않는다고 말이다.

나는 그 편지를 읽고 K부지점장에게 출퇴근 시간을 지키지 못하는 직원들 때문에 마음이 불편한 지점장의 입장을 이해하는지 물었다. 물론 그는 이해한다고 했다. 자신도 그 부분은 문제라고 생각한다고도 했다. 나는 그렇다면 편지 내용을 조금 수정하자고 부지점장에게 제안했다.

먼저 출퇴근 시간을 지키지 못하는 직원들 때문에 화가 나는 지점장의 마음을 이해하고, 부지점장 또한 그 점은 개선되어야 한다고 생각한다는 내용으로 편지를 시작하자고 했다. 그리고 지점의 발전을 위해서 항상 고민하는 지점장의 마음을 알고 있다고 한 뒤, 오늘 아침에 지점장의 이야기를 통해서 우리 지점의 현실을 생각해 보았다는 흐름으로 쓰자고 제안했다.

그러고는 K부지점장이 생각하는 회사의 문제점에 대해서 써 보라고 했다. 그 뒤에 이런 문제점을 해결하기 위해서는 직원들도 노력해야 하지만, 우리 관리자들도 직원들과 제대로 소통하려고 노력해야 한다는 걸 깨달았다는 흐름으로 쓰는 게 좋겠다고 제안했다.

나는 부지점장이 쓴 내용의 순서를 바꾸고 고쳐야 할 부분들을 체크한 뒤 그에게 되돌려 주었다. 그는 체크된 편지를 살펴보며 매우 만족해했다. 자신이 쓴 편지는 싸움을 거는 편지 같았는데 다시 쓴 편지는 제안편지 같은 느낌이 든다고 말이다.

부탁편지를 쓸 때 가장 중요한 것은 내가 이런 부탁을 해도 상대방에게 실례가 되지 않을까를 생각해 보는 것이다. 만약 내가 이런 편지를 받는다면 어떨까? 항상 받는 사람의 입장에서 생각해 보면 편지를 좀 더 조심스럽게 쓰게 될 것이다.

부탁편지를 쓸 때는 먼저 받는 사람의 입장에 동의하거나, 그를 칭찬하자. 그리고 해야 할 부탁은 정중하게 하자. 또한 편지를 쓰는 동안 내가 쓰는 편지가 명령편지가 아니라 부탁편지임을 잊지 않는 것이 포인트다.

부탁을 전하는 편지들

원고 검토를 부탁한 편지

작가라는 타이틀 덕분에 종종 청탁서를 받는다. 메일로 도착하는 청탁서는 요청하는 곳에 따라 그 모양과 내용이 조금씩 다르다. 어떤 곳은 구구절절 설명하는 스타일로 보내고, 어떤 곳은 도표를 그려서 빈칸 채워넣기 식으로 청탁서를 만들어 보내기도 한다. 그런데 그중 가장 인간적이지 못한 청탁서는 첨부된 청탁서만 달랑 보내는 것이다. 아무리 전화로 내용을 이야기했다 하더라도 첨부파일만 덜렁 보내는 곳은 아무래도 정이 가지 않는다. 이메일 주소를 적고 첨부파일을 넣기 전에 인사말 정도는 할 수 있지 않을까.

그런 곳에 비하면 부탁을 하면서 편지를 한 통 보내는 곳은 정말이지 더 많은 것을 해주고 싶어진다.

몇 해 전 여름이었다. 어느 기업의 사보 컨설팅을 맡아 한 적이 있다. 그 회사는 개편될 사보의 콘셉트와 기획을 하게 되면서 인연을 맺었다. 담당자는 함께 논의한 기획대로 사내 직원들에게 원고를 받았다. 그런데 원고의 수준이 썩 좋지 않았던 모양이다. 담당자는 어떻게 할까 고민하다 내게 윤문을 부탁했다. 직원들의 원고를 문맥에 맞게 고쳐달라는 것이었다. 연휴가 있던 주간이었지만 나는 담당자의 요청을 받아들였다.

며칠 후, 담당자는 우리 집으로 출력된 원고를 보내왔다. 디자인과 함께 보는 게 더 좋을 것 같다는 내 의견을 존중해 준 것이다. 퀵으로 도착한 원고 봉투를 열자 작은 쪽지 한 장이 붙어 있었다. 바로 담당자가 잘 부탁한다며 다시 한 번 내용들을 알려주는 편지를 써서 보낸 것이다.

> 더운 여름 잘 보내고 계신가요?
> 지난번에 말씀드린 대로 사보 가을호를 준비하고 있는데요,
> 사내에서 원고를 받았더니 문맥이 이상한 문장들이 많네요.
> 아무래도 전문가의 조언을 받아야 할 것 같아서 작가님께 부탁드립니다.
> 염치없이 연휴 있는 주에 연락드려서 죄송합니다.
> 이상한 부분 있으면 주저하지 말고 잘 고쳐주세요.
> 이번 주말까지 회신해 주시면 감사히 잘 쓰겠습니다.
> 그럼 부탁드릴게요.

퀵으로 많은 일거리를 받아봤지만, 이런 쪽지가 들어 있는 일거리는 처음이었다. 손글씨도 무척 반가웠지만, '전문가의 조언을 받아야 할 것 같아서 작가님께 부탁드립니다.'라는 문구는 나를 인정해 주고 있다는 느낌이 들게 했다. 그래서 '염치없이 연휴 있는 주에 연락드려서 죄송하다'는 말이 진심으로 읽혔다. 그리고 연휴쯤은 반납해도 괜찮다는 생각마저 들었다.

그때 일에 대한 보수나 여러 가지 상황이 좋은 편이 아니었지만, 담당자의 쪽지 하나가 나의 기분을 완전히 바꾸어 놓았다. 짧은 쪽지 하나로 내 편을 만들 수 있다는 것, 그것이 부탁편지의 또 다른 힘이다.

가정통신문에 쓴 부탁편지

새 학기가 시작됐던 3월, 아이가 학교에서 가정통신문을 받아왔다. 안내문에는 가족사항과 주소 등을 쓰는 칸이 있었고, 알레르기 같은, 특별히 담임선생님이 알아야 할 것들을 적는 칸이 있었다. 그래서 '우유

소화 장애가 있음'이라고 쓰려고 했는데 칸이 무척 컸다. 나는 새로운 인연을 환영하며 인사도 드릴 겸 빈칸에 편지를 썼다.

> 찬이 담임 선생님께
> 선생님, 안녕하세요? 저는 찬이 엄마예요.
> 찬이의 선생님이 되신 걸 진심으로 환영합니다.
> 다름이 아니고요, 찬이가 우유를 먹으면 배탈이 나거든요. 그래서 급식 때 같이 나오는 우유를 먹지 않았으면 해서요.
> 작년에는 따로 취소하는 방법을 몰라서 계속 받는데, 학년 초에 미리 신청하면 취소할 수 있다고 해서 이렇게 연락을 드립니다.
> 취소하는 방법을 알려주시면 감사하겠어요.
> 그럼, 1년 동안 5반 아이들과
> 즐거운 추억 많이 만드시길 바라며 이만 줄일게요.

가정통신문에 편지를 쓴 건 처음이었다. 그래도 '우유 소화 장애가 있음'이라는 말보다는 몇 줄의 편지가 더 따뜻하게 느껴질 것 같았다. 예전에 일 더미 속에서 발견한 작은 쪽지 하나가 내 기분을 전환시켰듯이, 나의 짧은 편지가 선생님에게도 따뜻하게 다가가지 않았을까?

고객 소개를 부탁하는 편지

영업을 하는 분들에게 강의를 자주 하다보니 종종 사람을 소개해 달라는 부탁을 듣곤 한다. 그런데 강의 때 한 번 만났던 사람이 불쑥 전화를 해서 그런 부탁을 하면 당황스럽다. 그 사람이 어떤 영업철학을 가지고 영업을 하는지도 모르고, 어떻게 고객을 관리하고 있는지도 모르는 상태에서 누군가를 소개하는 건 매우 어려운 일이다. 자칫 잘못했다가 양

쪽 모두의 관계가 어긋날 수도 있기 때문이다.

　누군가에게 소개를 요청하려면 서로에 대한 신뢰가 있어야 한다. 요청을 받아들일 사람과 소개를 하는 사람 서로 간에 '이 사람이라면 괜찮다!'는 믿음이 먼저 성립돼 있어야 한다. 그렇지 않으면 서로에게 상처를 남길 확률이 높다.

언젠가 내 강의를 들었던 분이 메일을 보내왔다. 고객에게 소개 요청을 하고 싶어 편지를 썼는데 한번 봐달라는 내용이었다. 강의를 들었던 분과 그의 고객은 3년 동안 관계를 유지해 온 상태였고, 처음으로 자신의 고객에게 소개를 부탁하는 편지를 보내려는 중이었다.

> 김 대표님께
> 이젠 완연한 가을로 접어들었습니다.
> 바람에서는 제법 겨울 냄새도 나네요.
> 잘 지내고 계시죠? 저도 덕분에 잘 지내고 있습니다.
> 오늘은 제가 대표님께 부탁을 하나 드리려고 편지를 썼습니다.
> 그동안 저와 함께 하면서 제게 만족을 느끼셨다면
> 저에게 주위 분들을 소개해 주시기를 부탁드립니다.
> 대인관계가 좋아 늘 곁에 사람이 끊이지 않는 대표님이시니
> 분명 제가 도움을 드릴 수 있는 분들이 있으리라 믿습니다.
> 대표님께서 지인을 소개해 주신다면 그것을 발판삼아 더 열심히 정진해 나가겠습니다.
> 언제나 베풀어주시는 은혜에 감사드리며
> 이만 줄이겠습니다.

편지를 보니 대대적인 수정이 필요했다. 지금의 편지는 김 대표의 입장을 전혀 고려하지 않고 쓴 편지였기 때문이다. 아무리 신뢰관계가 형성된 사이라도 이렇게 단도직입적으로 누군가를 소개해 달라는 편지는 읽는 사람을 불쾌하게 만들 수 있다.

먼저, 많고 많은 사람 중에서 왜 하필 김 대표에게 이 편지를 쓰게 되었는가를 알려야 한다. 둘 사이에 공감대를 형성해야 하는 것이다.

  나는 그분에게 먼저 고객과 어떤 인연이 있는지 물었다. 어떻게 만나게 되었는지, 몇 년차 때 계약을 한 고객인지, 어떻게 관계를 유지해 왔는지 말이다. 김 대표는 이분의 첫 고객이었으며 소개가 아니었고, 무작정 문을 열고 들어간 사무실에서 만난 사이였다. 김 대표는 이제 막 영업을 시작하는 젊은 청년의 패기를 믿고 계약을 해주었다고 했다.

  김 대표가 이분의 첫 고객이라는 것은 매우 중요한 포인트였다. 그런데 편지의 어느 부분에도 그런 이야기는 나오지 않았다. 나는 '첫 고객'이라는 포인트를 살리고, 그분과 지낸 3년의 세월을 상기시킨 다음, '첫 마음'으로 함께할 분을 소개해 달라는 흐름으로 글을 수정해 보라고 제안했다.

며칠 후, 그분은 나에게 수정된 편지를 보내왔다. 이번 편지는 단도직입적으로 소개를 부탁한 지난 편지보다 훨씬 좋았다. 첫 계약자라는 것, 3년 동안 함께했다는 것을 꺼내 놓으며 읽는 사람과 공감대를 형성한 것은 칭찬할 만했다. 그러나 마무리 부분이 너무 급하게 끝난 것이 조금 아쉬웠다. 나는 편지를 보낸 분에게 마지막 인사 부분을 한두 줄

김 대표님께

이젠 완연한 가을로 접어들었습니다.

바람에서는 제법 겨울 냄새도 나네요.

잘 지내고 계시죠? 저도 덕분에 잘 지내고 있습니다.

어느덧 대표님과 제가 함께한 지도

3년이라는 세월이 흘렀습니다.

떨리는 마음으로 대표님 회사의 문을 열었던 게

엊그제 같은데 말이에요.

그때 대표님께서 저의 첫 계약자가 되어 주셔서

얼마 큰 힘이 되었는지 모릅니다.

젊은이의 패기를 '믿음'으로 봐주신 대표님께

저는 늘 감사하고 있습니다.

오늘 그날 썼던 수첩을 꺼내 보면서

대표님과 같은 또 다른 분을 고객으로 모실 수 있다면

얼마나 좋을까 생각했습니다.

세상 어디에도 대표님과 같은 분은 없겠지만

대표님과 우정을 맺은 분들 가운데

제가 도움을 드릴 수 있는 분들이 계시지 않을까 생각해 봅니다.

3년 전, 제게 손 내밀어 주셨듯이,

다시 한 번 저의 손을 잡아 주신다면 더 열심히 정진해 나가겠습니다.

더 넣으면 좋겠다고 제안했다.

얼마 뒤, 그분께 연락이 왔다. 김 대표가 자신에게 새로운 고객을 소개했다는 소식이었다. 그분은 내게 감사 인사를 건넸지만, 작은 것에도 감사할 줄 아는 그를 보며 깨달았다. 김 대표가 그에게 고객을 소개한 건 수정된 편지 때문이 아니라 그에 대한 믿음 때문이었다는 걸 말이다.

메일로 보내는 부탁편지

경상북도 청도에 있는 냠냠과수원을 알게 된 건 몇 년 전의 일이다. 남편이 정기적으로 후원하는 곳에서 소개를 받아 첫 인연을 맺은 곳이다. 농약과 화학비료를 사용하지 않고 유기재배로 키우는 복숭아는 냠냠과수원의 대표상품이다. 냠냠과수원에는 여름에 복숭아가 있다면 가을에는 감말랭이가 있다. 우리 집 아이들은 복숭아보다 감말랭이를 더 좋아한다. 그래서 아이들은 날이 쌀쌀해지면 감말랭이의 소식을 묻는다.

그런데 작년에는 불상사가 생겼다. 남편이 신청하기도 전에 감말랭이 주문이 마감된 것이다. 그 소식을 듣고는 큰아이가 낙심했다. 그래서 나는 편지를 보냈다. 그러나 이번에는 더 빨리 소식을 전하고 싶었기 때문에 손편지가 아닌 이메일을 선택했다.

안녕하세요?
저는 냠냠과수원의 과일을 좋아하는 두 아이의 엄마입니다. 남편이 지난 화요일에 냠냠의 감말랭이를 예약 받는다는 소식을 듣고 월급날인 금요일쯤에 신청을 하려고 했대요. 그런데 바로 목요일인 오늘, 감말랭이가 마감되었다는 소식을 접했다고 하더군요. 어떻게 이런 일이….
8살짜리 큰아들은 감말랭이가 언제 오냐며 물어보고 있고, 3살 작은딸은 작년에도 냠냠의 감말랭이를 끼고 살았거든요. 작년에는 여러 팩을 구입해서 먹고, 따로 연락을 드려서 추가 주문까지 했었는데….
혹시 조금이라도 남는 게 있다면 꼭 연락 부탁드립니다. 두 팩, 혹은 한 팩이라도 좋으니 감말랭이를 기다리고 있는 아이들에게 기쁜 소식을 전해 주시길 바라봅니다.
갑자기 추워진 날씨에 몸 상하지 않으시도록 감기 조심하세요.
냠냠의 연락을 기다리고 있겠습니다. ^^

메일을 보내놓고 조금 걱정을 했다. 손편지로 보낼 걸 그랬다는 후회가 밀려왔기 때문이다. 그러나 나의 걱정은 기우였다. 다음날 냠냠과수원에서 연락이 온 것이다.

안녕하십니까.
늘 농사에 함께해 주셔서 고맙습니다.
그리고 긴 편지 보내주셔서 거듭 고맙습니다.
올해 여름 복숭아철엔 전국적으로 세균병이 창궐하여 어렵더니, 가을에는 감농사가 어디를 막론하고 흉년입니다. 특히 유기재배를 하는 저희 과수원은 그 여파가 보통이 아닙니다.
감말랭이가 판매 개시 이틀 만에 마감된 것은 여러분들이 찾아주신 이유도 있지만 흉년의 탓이 큽니다. 아쉽고 답답하지만 저희도 하늘만 쳐다보고 있답니다.
농사란 게 늘 좋을 수만은 없는 것이겠지요. 마음먹은 대로 되지 않을 때가 더 많습니다만, 내년엔 부디 풍년이 와서 더 많은 분들과 그 즐거

움을 나누고 싶습니다.
저희 집에도 한창 자라는 아이들이 있습니다. 아이들 입으로 음식이 들어가는 것을 보는 것만큼 큰 기쁨도 없는 것 같습니다.
다행히 다른 분의 배려로 2봉지 보내드릴 수 있는 여유가 생겼습니다.
고마울 따름입니다. 연락주시기 바랍니다.
냠냠과수원 드림.

  답장을 받고 나는 무척 기뻤다. 감말랭이를 아이들에게 먹일 수 있다는 것도 기뻤고, 과수원에서 마음을 다해 답장을 보내주어 더 기뻤다.
    이 편지를 손편지로 주고받았다면 그 감동이 더 크고 좋았겠지만, 급하게 부탁하는 글을 써야 해서 이메일을 쓸 수밖에 없었다. 그러나 이메일을 쓸 때도 손편지에 적용되는 법칙은 그대로 적용했다. 읽는 사람을 생각하는 마음으로 편지를 쓴 것이다.

나는 이메일을 쓰면서 되도록 손편지 느낌을 내려고 노력했다. '고객'이 '기업'의 게시판에 질문을 남기는 느낌이 아니라, '이웃'에게 보내는 편지처럼 느껴지도록 썼다. 이렇게 내 마음이 그들에게 고스란히 전달되었던 것은 그들 또한 나를 고객이 아닌 '이웃'으로 생각하고 있었기 때문이다. '늘 농사에 함께해 주셔서 고맙습니다'라는 문장을 읽으면서, 그들이 나를 매우 특별한 사람으로 생각하고 있다는 걸 알았다. 그들은 자신들의 과일을 구입하는 모두가 함께 농사를 짓는 사람이라고 생각하고 있었던 것이다.

나는 올해도 감말랭이를 신청할 예정이다. 혹시 올해도 신청 전에 마감 소식이 들린다면 이번에는 예쁜 편지지에 쓴 손편지를 보낼 생각이다. 편지가 늦게 도착해 감말랭이를 못 먹더라도 좋다. 그 편지는 나를 이웃으로 생각하는 분들께 따뜻한 인사가 될 테니까 말이다.

 # 절망을 희망으로 바꾸는 응원편지

효능이 아닌 존재를 응원한다는 것

응원편지에 관한 강의를 준비할 때였다. 응원에 관한 자료를 모으다 신문에서 한 장의 사진을 보게 되었다. 올림픽에서 남자 쇼트트랙 선수 이한빈이 경기장에서 미끄러지는 낭패를 당한 후배 신다운의 어깨를 두드려주고 있는 사진이었다. 순간 응원이란 건 이런 게 아닌가 싶었다. 굳이 말을 하지 않고 가볍게 어깨를 두드려 주는 것만으로도 충분한 것 말이다.

다음날 신문에서 보게 된 또 다른 사진은 응원의 진수를 보여주고 있었다. 스피드스케이팅 이상화 선수가 함께 훈련했던 쇼트트랙 선수들을 응원하는 플래카드를 들고 있는 사진이었다. 그녀가 직접 작성한 플래카드는 내가 본 그 어떤 응원편지보다 훌륭했다. 응원하는 사람의 진심을 그대로 보여주고 있었기 때문이다.

국민들이 올림픽에 참가한 선수들에게 바라는 것은 금메달이다. 4년 동안 열심히 훈련했으니, 그 결과로 금메달을 목에 걸고 금의환향하기

> **금메달** 아니어도 괜찮아~~
> ♥다치지만 말아죵♥
> 이미 당신들은 **최고!**
> **달려랏!** 조해리 박승희 공상정 김아랑 심석희

를 바라는 것이다. 그러나 이상화 선수에게 중요한 것은 금메달이 아니었다. 그녀에게 중요한 것은, 동료들이 다치지 않고 무사히 경기를 마치는 것이었다. 선수에게 부상이 어떤 것인지 이상화 선수는 잘 알고 있었던 것이다. 그리고 그녀에게 '국가대표'라는 타이틀을 거머쥔 친구들은 이미 최고였다.

이상화 선수의 응원 메시지가 마음에 들었던 것은, 그 사람의 '효능'에 기대를 걸고 응원하는 게 아니라, 그 사람의 '존재' 자체를 인정하고 믿었기 때문이다. 국민들은 금메달을 획득하는 선수들의 '효능'에 기대를 걸었던 반면, 이상화 선수는 그들의 '존재'를 더 소중하게 생각했던 것이다.

우리는 대개 누군가를 응원할 때 그 사람의 능력을 응원한다. '시험을 잘 볼 수 있을 거야', '이번에는 꼭 이길 거야', '그 회사에 취직하길 바랄게'라고 말이다. 그러나 이런 응원은 결국 결과에 대한 실망감을 동반하기 마련이다. 존재보다는 효능에 초점을 맞추었기 때문이다.

응원이란, 상대방의 힘을 북돋게 하는 행위다. 그 사람이 자신 안에 있는 힘을 발휘해 도전 과제를 잘 해결할 수 있도록 마음을 모아주는

일이다. 그러나 여기서 무엇보다 중요한 것은 바로 그 사람 안에 과제를 해결할 수 있는 '힘이 있다는 것을 알려주는 것'이다. 응원이란 내가 그 사람에게 전적으로 힘을 주는 것이 아니라, 그 사람 안에 이미 그 힘이 있다는 사실 또한 알려주는 것이기 때문이다.

나의 후배 진우는 카피라이터였다. 광고회사에서 카피를 쓰다가 자신의 이름을 걸고 새로운 일을 하려고 프리를 선언하고, 자신의 일을 했다. 그는 대안학교에서 수업을 했던 것을 바탕으로 '청소년 창의력' 강의를 시작했다. 그러나 새내기 프리랜서의 길은 만만치 않았다. 세상의 모든 것이 넘어야 할 산이었고, 건너야 할 강이었다. 진우는 문득문득 흔들렸다. 이 길이 맞다는 건 알지만 그 길을 걷는 게 힘들다고 했다. 응원이 필요한 시점이었다.

> 진우야!
> 어제는 눈이 참 많이 내리더라.
> 눈을 보면서 아, 겨울이구나…싶었어.
> 다시, 겨울이 왔다.
> 모든 것이 죽어 있는 것처럼 보이는 겨울.
> 그러나 우리는 알고 있지.
> 봄의 신비, 새로운 생명의 색을 만들기 위해
> 모든 것들은 그 자리에서 노력하고 있다는 것을.
> 너도 그렇지?
> 내년에 짜잔! 하고 작품을 세상에 내놓으려고
> 조용조용 살고 있는 거지? 기대하고 있단다.

조용하지만, 나름대로의 길을 가고 있는 널 보면서
참 대단한 친구라고 생각하고 있어.
너의 길은 틀리지 않았어!
네 선택과 네 삶이
누구보다 빛나는 것이란 걸 알고 있단다.
그래서 격하게 응원한다.
널 향해 진격하는 2014년,
두 팔 벌려 힘껏 끌어안으면서
기쁨 속에서 살아가길 바랄게.
종종 만나서 살아가는 이야기 나누자꾸나.

나는 진우가 자신을 믿기를 바랐다. 그 길이 틀리지 않다는 걸 믿고 뚜벅 뚜벅 그 길을 걸어갔으면 싶었다. 나는 편지에서 진우의 삶을 봄을 준비하는 겨울로 비유했다. 모든 게 죽은 것처럼 보이는 겨울이지만, 화사한 봄을 탄생시키는 게 결국 겨울이듯, 진우의 삶도 그러하다는 걸 알려주고 싶었기 때문이다.

결국 자신을 믿은 진우는 지난한 겨울을 보내고 한 권의 책을 세상에 내놓았다. 그리고 나에게 자신의 첫 책을 보내며 아래의 편지도 함께 보냈다.

성희 누나에게
누나, 진우예요. 오랜만에 편지 쓰는 것 같아요.
이제는 편지만 봐도 누나 생각이 나네요. ^^
오랜 진통 끝에 책이 드디어 세상의 빛을 봤네요.
누나의 도움 없이는 힘들었을 거예요. 아직 방향도, 갈피도 못 잡던 때에 누나와 나눈 대화 덕분에 많은 정리가 되었어요. 추천사까지 직접 써

주셨으니 저에게 가장 든든한 지원군이었지요. 늘 저에게 잘될 거라고 해 준 말들이 저에겐 정말 큰 힘이 되었다는 걸 꼭 말하고 싶었어요.
누군가에게 인정을 받으려고 하는 일들은 아니지만, 아무도 관심 가져 주지 않았을 때 누나의 말 한 마디는 정말 큰 힘이 되었답니다. 저도 앞으로 누나에게 힘이 되고 도움이 되었으면 좋겠어요.
늘 건강 잘 챙기시고 조만간 직접 뵈어요!

진우의 인생에 봄날이 온 것은 그 자신이 긴 겨울 동안 싹을 틔울 준비를 했기 때문이다. 그럼에도 불구하고 그의 편지를 읽으며 내내 흐뭇했던 건, 내 응원의 한 마디가 겨울을 견디던 그에게 힘이 되었다는 것을 확인했기 때문이다. 인생의 어느 날, 내게도 겨울이 찾아오면 그땐 나도 진우가 건네는 응원의 힘으로 봄을 준비할 수 있으면 좋겠다.

시한부 선배를 응원하다

응원을 건네면 누군가의 인생에 봄이 오기도 하고, 꽃이 피기도 한다. '삶'을 전제로 하는 응원은 그렇게 희망이 된다. 그렇다면 삶이 아닌 죽음을 향해가는 절망 속에서도 누군가의 응원은 희망으로 피어날까?

2013년 3월, 프로파일러로 근무하던 선영 언니에게 메시지가 왔다. 이제부터 자기가 나를 알아보지 못해도 이해해 달라는 내용이었다. 이게 무슨 소린가 싶어 언니에게 바로 전화를 걸었다. 그런데 선영 언니는 나에게 믿을 수 없는 이야기를 들려주었다.

범인들의 범죄심리를 연구하는 선영 언니가 몸에 이상을 발견한 건 불과 한 달 전이었다. 그녀가 글씨를 쓰려는데 손이 갑자기 마음대로 움직이지 않았다. 병원에 가서 검사를 했더니, 병원은 뇌 쪽에 문제가 있는 것 같다며 정밀 검사를 권했다. 결과는 충격적이었다. 언니의 뇌 속에 암세포가 자라고 있었던 것이다. 수술을 할 수도 없는 부위였다. 자칫 잘못했다가는 치명적일 수 있었기 때문이다. 언니는 치료를 해도 6개월밖에 살 수 없다는 판정을 받았다. 그래서 언니가 나에게 자신의 뇌가 고장 나서 나를 알아보지 못할 수도 있으니 이해해 달라는 내용의 메시지를 보낸 것이다.

기가 막혔다. 어떻게 이런 일이 일어날 수 있는지 하늘이 원망스러웠다. 언니에게는 다섯 살 난 아이가 있었다. 아이를 놓고 죽음을 준비해야 하는 엄마라니. 영화 속에서나 일어날 일이 내 주변에서 현실로 벌어지고 있다는 게 믿기지 않았다. 하루하루를 눈물 속에서 살았다. 이런 절망 앞에서는 어떻게 힘을 보태야 하는 걸까. 비참하고 처참할 뿐이었다.

언니가 치료를 위해서 입원한 병원은 우리 집하고 매우 가까웠다. 나는 틈나는 대로 언니를 찾아가 함께 이야기를 나누었다. 그러나 언니의 병세는 급격하게 악화되었고, 언니의 모습에서 죽음의 그림자를 볼 때마다 아무것도 할 수 없는 내 자신이 원망스러웠다.

몸의 오른쪽이 마비되고 점점 말을 어눌하게 하는 언니를 보면서 나는 무엇을 어떻게 해야 할지 전혀 알 수가 없었다. 무엇을 해야 조금이라도 도움이 될 수 있을까 고민해 봤지만 도무지 알 수가 없었다. 내게 그런 경험이 없었기 때문이다.

나는 입장을 바꾸어 생각해 봤다. 내가 만약 죽음을 앞두고 있다면 사람들이 나에게 어떻게 해주기를 바랄까?…. 나는 사람들이 나를 위해서 기도해 주기를 바랄 것이다. 그리고 0.1%의 기적일지라도 그게 나에게 일어날 거라고 함께 믿어주면 좋겠다고 생각했다.

그때부터 나는 선영 언니와 나를 함께 알고 있는 사람들에게 연락을 했다. 메신저와 SNS, 문자와 전화로 언니의 상황을 전하고, 그녀에게 보내는 응원의 메시지를 부탁했다. 그들이 보내주는 메시지는 내가 편지지에 옮겨 언니에게 가져다 주겠다고 약속했다.

그들과 내가, 선영 언니와 함께 활동하던 때는 15년 전이다. 모두 가정을 이루었거나 사회의 일원으로 바쁘게 살아가는 사람들이었다. 10년이 넘는 세월이 지난 후 연락을 하면서 나는 걱정스러웠다. 과연 몇 명이나 연락을 해줄지 염려가 되었기 때문이다.

그러나 내 걱정은 기우였다. 연락을 받은 거의 모든 사람들이 내게 메시지를 전해왔다. 일본과 영국 그리고 이탈리아의 로마에서도 응원의 메시지가 날아왔다.

나는 그들의 메시지를 한지로 된 예쁜 편지지에 옮겨 적었다. 모두들 선영 언니와의 추억을 꺼내며 그녀가 이런 아픔쯤은 거뜬히 이겨낼 것이라고 말하고 있었다. 곳곳에서 날아온 메시지를 옮겨 적으며 나는 많이 울었다. 사람들의 따뜻한 마음이 고마웠기 때문이다.

그들의 메시지를 옮겨 적으며 나도 오랜만에 선영 언니에게 편지를 썼다. 어떻게든 병을 이겨내려고 노력하고 있는 그녀를 나도 있는 힘껏 응원해 주고 싶었다. 그래서 조금 긴 편지를 썼다.

I read her letter many times over

선영 언니, 봄이야.

벚꽃은 화려함을 다하고, 그 자리를 이제 막 돋아나는 새순들에게 물려 줬어. 그리고 다시 제자리로 돌아가 내년을 준비하겠지.
며칠 전, 비가 내리면서 벚꽃 잎도 같이 내려서 길 위에는 하얀 꽃길이 열렸어. 사람들이 찍어서 올린 사진을 보니까 예쁘더라.

처음에 언니 소식 들었을 때, 무슨 이런 어처구니없는 일이 있나 했어. 너무 속상했고 믿기 싫었고 분했어. 왜 언니에게 이런 일이 일어나야 하는지 이해할 수가 없었거든. 그런데 언니를 보니, 뭔가 득도한 사람 같더라. 광합성하면서 삶을 발견한다는 글을 올리고, 포기하지 않겠다는 약속을 하고, 지금의 이 상황이 삶의 터닝포인트가 될 거라며 순간순간 감사하는 모습을 보면서 어쩌면 이 상황에 이럴 수 있나 싶었어.

그런데 재미있는 게 뭔 줄 알아? 다시 생각해 보니 '이게 고선영이지' 싶었다는 거야. 작은 것에 연연해하지 않고, 크게 생각하는 사람, 어떤 상황에서도 이성을 잃지 않는 사람, 그리고 어떤 힘겨움 속에서도 포기하지 않는 사람. 그게 언니더라고.

언니가 그랬지. 이 상황이 어쩌면 감사하다고. 삶을 돌아보게 해줘서 말이야. 언니랑 이런저런 이야기를 하면서 나도 생각해 봤어. 행복이란 무엇인가, 성공이란 무엇인가, 삶이란 무엇인가…. 언니 덕분에 철학의 시간을 갖게 되었지. 정말 고마워.
우리가 나눈 이야기들은 내가 다 적어두었다가 언니 강연 100도씨 나가면 원고로 써줄게. 그러니 힘을 내서 나쁜 세포들을 물리치자고!
여전히 많은 사람들이 언니를 위해 기도를 하고 있어. 일일이 소식을 전하지 못하지만, 언니를 아는 많은 사람들, 추억을 함께 쌓아올리고, 함께 인생의 한 모퉁이를 돌았던 사람들이 열심히 기도하고 있음을 기억해. 언니와 내가 미처 알지 못하는 곳에서도 말이야!
언니는 잘 먹고, 잘 자고, 잘 배출하면서 잘 이겨내 줘.
그것이 언니를 위해 기도를 놓지 않는 사람들을 위하는 길이야. 알았지?

병원에서 이 봄을 지내려면 마음이 팔랑팔랑거리겠지만, 계절은 돌고 도는 거잖아. 내년 봄에 꽃길 밟으며 봄을 만끽해도 늦지 않으니까, 이번 봄에는 마음속에만 봄을 들여놓자 언니. 그 봄기운으로 언니의 건강도 활짝 피어날 거야.
언제든 나 보고 싶으면 연락주고, 먹고 싶은 것도 있으면 얘기해.
내가 예쁜 내 얼굴과 함께 배달해 줄 테니.
밤에는 제발 푹 좀 자고, 알았지?
다음에 또 편지 쓸게.

응원 메시지는 계속 이어졌다. 한 번 보냈던 사람들이 또 다른 메시지를 보내기도 했고 연락을 늦게 받은 사람들도 힘을 보탰다. 그리고 선

"힘들겠지만 마음을 편하게 먹자 우리.
우린 서로의 가슴속에서 계속 살아 있을 테니까.
손 놓지 말고 함께 기도해.
이 세상에 언니단큼 멋진 사람은 또 없을 거야.
나는 언니가 정말 좋아! 언니도 내가 좋지?"
– 끝까지 함께한 응원편지

영 언니를 알지는 못하지만 내가 SNS에 올린 글을 통해서 소식을 접한 사람들이 힘을 내라며 몇 줄의 메시지들을 적어 보냈다.

내가 사람들의 편지를 들고 갈 때마다 언니는 환하게 웃었다. 내가 읽어주는 사람들의 편지를 들으면서 고개를 끄덕이며 옛일을 회상하는 듯했다. 그리고 언니는 한 사람의 편지가 끝날 때마다 '고맙다'는 인사를 꼭 전해달라고 부탁했다.

한때 추억을 함께 나눈 사람들의 편지는 언니에게 큰 힘이 되었을 것이다. 언니는 이 싸움에서 이기고 다시 삶으로 돌아오겠다고 약속했다. 그러나 삶은 사람의 힘으로 어찌할 수 없는 것이었다. 언니는 점점 쇠약해져갔고, 나는 언니의 남편에게 그녀의 삶이 얼마 남지 않았다는 연락을 받았다.

내가 할 수 있는 일은 사람들에게 이 소식을 전하고 마지막 편지를 받는 것이었다. 나는 언니가 좋은 기억을 많이 가지고 갈 수 있도록, 사람들에게 마지막 메시지를 부탁했다. 하지만 사람들은 무슨 말을 할 수 있겠느냐며 많이 망설여했다. 나는 사람들이 그녀에게 고마웠던 일들을 많이 써주길 바랐다. 그녀의 삶이 의미 있었다는 걸 알려주고 싶었기 때문이다. 그래서 나는 작별인사가 될지도 모르는 편지를 쓰며 그녀에게 고마웠던 일들을 떠올렸다.

선영 언니!
기분은 좀 어때? 여러 가지 때문에 마음이 복잡하지?
그런 언니를 바라보는 나도 마음이 참 안 좋아. 화도 나고. 하지만 언니가 아프기 시작할 때 말했던 것처럼, 그럼에도 불구하고 이 상황에 감사를 생각해 보려 해.

일단, 노량진에서 난곡동으로 회의하러 와주었던 거 고마워. 언니가 그날 난곡동으로 왔기 때문에 우리가 만날 수 있었잖아. 정말 정말 고마워.

언니, 내가 고선영이라는 사람을 알게 해주어서 고마워. 그리고 함께 글 쓸 때 늘 지지해 주어서 고마워. 내 안에 좋은 것을 발견해 주고, 좋은 글 쓸 수 있게 힘을 주었던 거 고마워. 작사하면서 힘들 때 바쁜 시간 쪼개어 내 얘기 다 들어주었던 거 고마워. 사람이 무서웠던 시절이었는데, 그래도 '무조건 내편'이 있다는 느낌이 들게 해주었던 거 평생, 아니 죽어서도 잊지 못할 거야.

아픈 거 숨기지 않고 먼저 연락해준 것 정말 고마워. 언니와 조금이라도 더 많은 추억을 쌓을 수 있는 기회를 주어서 고마워. 아픈 언니를 위해서 할 수 있는 게 없지만, 병실에서 웃고 울던 추억으로 언니를 더 많이 기억할 수 있을 거야.

비오 신부님이 성사 주러 오셨던 날, 나에게 전화해 주어서 고마워. 언니와 함께 기도할 수 있게 해주어서 고마워. 그리고 지금 이렇게 함께 할 수 있게 해주어서 고마워. 우리가 헤어지든 헤어지지 않든, 나는 언제나 언니를 기억할 거야. 고맙고 고마웠던 사람으로, 언제나 쿨하게 내편이 되어주던 사람으로 말이야.

힘들겠지만 마음을 편하게 먹자 우리.
우린 서로의 가슴속에서 계속 살아 있을 테니까, 손 놓지 말고 함께 기도해.
이 세상에 언니만큼 멋진 사람은 또 없을 거야. 나는 언니가 정말 좋아! 언니도 내가 좋지?

추신: 언니를 위해서, 언니 가족을 위해서 우리가 끊임없이 잊지 않고

기도할 거야. 언니는 언니를 위해서, 마음의 평화를 위해서 기도해 언니. 잊지 말고 꼭 기억해. 우리가 언니를 절대 잊지 않을 거란 걸.

나는 선영 언니가 의미 있는 삶을 살았다는 걸 알려주고 싶었다. 그녀가 누군가에게 참으로 고마운 존재였다는 기억을 함께 가지고 갔으면 싶었다. 내가 언니 같은 상황에 있었다면 나 또한 그런 것을 바랐을 테니까 말이다.

선영 언니는 4탄의 응원편지를 마지막으로 듣고 하늘로 떠났다. 그러나 사람들이 전해준 수많은 편지는 그녀의 가족들을 응원하고 있으리라 믿는다.

토닥토닥을 전하는 방법

사람의 마음을 토닥여주는 방법은 다양하다. 이상화 선수처럼 플래카드 형식으로 쓸 수도 있고, 짧은 엽서에 마음을 담을 수도 있다. 혼자 하는 것이 버겁다면 내가 선영 언니에게 해주었던 것처럼 여러 명의 메시지를 한꺼번에 적어서 건넬 수도 있다. 길고 긴 편지를 써도 좋고, 그저 그 사람을 한번 꼭 안아줘도 좋다.

20대 때의 일이다. 휴대폰보다 호출기가 더 널리 사용되던 때였다. 당시 나는 글 쓰는 일을 하겠다며 회사를 그만두고 방황하고 있었다. 한 치 앞도 보이지 않는 미래에 불안했고, 세상의 전부라 믿었던 사람과도 헤어졌다. 누군가 툭 건드리기만 해도 무너져 내릴 것 같았다. 하루하루를 버티기도 힘들었다.

그러던 어느 날, 호출기로 음성 하나가 들어왔다. 수화기를 들어 음성을 확인하는데 음악소리가 들렸다. 누군가 피아노 연주를 하며 노래를 하고 있었다. '누군가 널 위해 기도하네'라는 곡이었다. 노래의 첫 소절을 듣는 순간 갑자기 눈물이 왈칵 쏟아졌다. 누군가 내 마음을 이해하고 있다는 것, 누군가 나를 생각해 주고 있다는 게 그렇게 고마울 수가 없었다.

그때 내가 들은 노래는 음률로 쓴 응원편지였다. 굳이 내게 '힘내'라고, '널 응원하고 있다'고 말하지 않아도 마음으로 느껴지던 훌륭한 편지였다.

그런 의미에서 스케치북 편지도 훌륭한 응원편지가 될 수 있다. 스케치북 편지는 영화 「러브 액츄얼리」에 나왔던 도화지 편지처럼, 스케치북을 넘기며 편지를 읽을 수 있도록 쓰는 것이다. 요즘 청소년들은 이 스케치북 편지를 자주 주고받는다. 친구들에게 들려주고 싶은 노래의 가사를 스케치북에 적어 동영상으로 만드는 것이다. 그 편지를 유튜브 같은 곳에 올려 친구에게 전해주기도 한다.

또 게임개발사인 네오위즈처럼 특별한 음료를 제작해 직원들을 응원할 수도 있다. 언젠가 지인의 페이스북에 사진 한 장이 올라왔다. 우리가 흔히 아는 자양강장제 사진이었는데 사진 속에 있는 자양강장제는 병을 덮고 있는 포장이 달랐다. 자세히 보니 음료 이름에 "욕바쓰d"라고 쓰여 있었다. 음료를 구성하고 있는 성분도 일반 음료와 달랐다. 일반 음료가 '타우린', '이노시톨', '니코탄산아미드', '카페인무수물' 등인데 비해, 이 음료의 성분은 '사랑하는 마음', '열심히 응원하는 마음', '당신이 자랑스런 마음', '장인정신 땀방울', '파이팅' 등이었다. 이 음료는 바로 업무에 지친 직원들을 위해 특별히 제작한 음료였기 때문이다.

똑같은 자양강장제를 나누어 준다 하더라도, 약국에서 구입한 것을 그냥 주는 것과 이렇게 겉포장을 바꿔서 주는 것은 의미가 다르다. 이름을 바꾸고, 주성분을 바꾸는 동안 상대방을 향한 정성이 들어가기 때문이다.

꼭 긴 편지로 누군가를 응원할 필요는 없다. 이렇게 음료의 겉포장을 바꾸는 것만으로도 충분히 응원하는 마음이 전달되기 때문이다. 포장을 바꿀 만한 재주가 없다면 노란 포스트잇 한 장을 이용해도 좋다. "내가 당신의 비타민이 되어 주겠다"는 짧은 메시지를 적은 포스트잇만으로도 그 사람을 향한 응원이 충분히 전달될 테니까 말이다.

응원을 전하는 편지들

워킹맘 대학원생 선배에게 보낸 편지

정은 언니는 세 아이의 엄마다. 그것도 모두 아들! "아들 셋을 잘 키우면 천국에 간다"는 말이 있다. 그만큼 아들을 세 명이나 키우는 일은 쉽지 않은 일이다. 게다가 언니는 일을 하는 워킹맘이기도 하다. 거기에 또 하나, 언니는 대학원에서 공부하는 학생이기도 했다.

아이들을 키우는 것만도 쉽지 않은데, 일에다가 공부까지 하는 언니에겐 많은 응원이 필요했다. 나 또한 워킹맘으로 두 아이를 키우며 대학에 다녀봤기에 언니의 심정을 이해할 수 있었다. 꼭 한번 응원하는 편지를 써야지 했는데, 언니의 셋째 아들이 팔을 다쳐서 수술을 해야 하는 일이 생겼다. 위문을 한번 가려 했지만 시간을 놓치고 말았다. 그래서 나는 편지를 한 통 보냈다.

정은 언니!
2013년 9월의 첫 날이 밝았어요.
모두 잠든 새벽에 홀로 깨서 아침을 독차지하는 기분! 참 좋네요. 언니를 처음 본 날이 떠올라요. 지영 언니가 햇살에 근무할 때, 혜화동 로터리를 셋이 걸었던 기억.
그게 처음이었던 것 같아요. 그날 굉장히 진중한 이야기를 나눴고, 언니에 대한 느낌은 참 진솔한 사람이라는 것. 그 인연이 이렇게 긴 세월 동안 이어질 수 있어서 얼마나 감사한지 모르겠어요.
수현이가 병원에 있을 때 한번 가봐야지 했는데 때를 놓쳤어요. 그래서 마음 한 편에 늘 미안한 마음이 있었답니다.

아이들 셋 키우면서, 일하고, 공부하는 게 쉽지 않을 텐데 그래도 꿋꿋하게 언니의 길을 걸어가는 모습 보면서 많이 배우고 있어요. 어쩌면 비슷하게 '험한 길(?)'을 걷는 동지로서 언니를 응원하고 싶기도 했어요. 아무리 힘들고 험난해도 언니의 길을 끝까지 걸어가세요! 그것이 모두를 위한 것이라는 거 알죠? 언니에게 주신 특별한 사명, 특별한 선물이 있음을 잊지 마시고 기운 팍팍 내시길!

떼제 마을에 뜬 쌍무지개가 언니의 삶 안에 멋지게 떠오르길 바라며, 꼭꼭 숨겨두었던 프랑스 떼제 마을 엽서에 마음을 담아 보냅니다.

나는 내가 가지고 있던 엽서 중에서 가장 아끼는 것을 꺼냈다. 그만큼 언니를 응원하고 싶었다.

어떻게 된 일인지는 알 수 없으나 내가 보낸 편지는 며칠을 돌고 돌아서 지저분해진 상태로 언니네 집에 도착했다고 한다. 그나마 늦게라도 도착했다는 사실이 내게 위안을 주었다. 내 편지를 받은 언니는 무척 감동을 받았다고 했다. 그러나 1인3역 이상을 하고 있는 언니는 답장을 보낼 경황이 없었을 것이다. 전화를 통해 편지를 잘 받았다는 소식을 전해왔고, 언젠가 편지지에 답장을 보내겠다고 약속했다.

몇 개월이 지난 뒤, 정은 언니는 정말로 내게 편지를 보내왔다. 그 편지에는 나를 응원하는 내용이 가득했다. 분홍빛 편지지에 또박또박 써내려간 글씨는 나를 응원하고 있었다. 그 편지를 읽으며 나는 깨달았다. 종이 위에 쓴 소리 없는 응원이 때론 더 큰 힘으로 다가온다는 것을 말이다.

사진엽서로 전하는 응원편지

내 친구 중에 나와 비슷하게 생긴 친구가 있다. 얼굴은 그 친구가 훨씬 예쁘지만 키와 체격이 비슷해서 그 친구와 나는 '그만고만'으로 불렸다.

하루는 그 친구가 SNS에 글을 올렸다. 혼자서 아이 셋을 키우는 게 쉽지 않다는 내용이었다. 친구는 남편과 사별하고 혼자서 아이 셋을 키우고 있었다. 남편이 떠날 당시 막내는 겨우 8개월이었다. 어느덧 그 아이가 네 살이 되었지만, 친구는 하루도 편하게 쉴 수 있는 날이 없었다.

20대 때 친구와 나는 보성에 함께 여행을 간 적이 있었다. 단 둘이 떠난 첫 여행이었다. 그땐 맘만 먹으면 어디든 갈 수 있었고 할 수 있던 때였다. 그러나 지금은 그녀도 나도 그럴 수가 없는 처지가 되어 버렸다.

힘들다는 그녀의 글을 읽고, 함께 여행이라도 가고 싶었지만, 마음 뿐이었다. 친구에게 어떻게 하면 힘을 줄 수 있을까 하다가 나는 인화해 놓은 사진들을 꺼냈다. 그리고 그중에서 바다 사진을 한 장 꺼내 그 뒷면에 편지를 썼다.

> 친구.
> 언젠가 같이, 여기에 가자꾸나.
> 둘이 나란히 앉아 바다를 바라보자.
> 파도의 노래를 들으며
> 우린 그냥, 가만히…앉아 있자꾸나.
> 토닥토닥… 파도가 두드려 줄 거야.
> 우리의 지친 어깨를!

토닥토닥… 파도가 두드려 줄 거야.
우리의 지친 어깨를….

응원의 말 한마디와 사진 한 장은 금상첨화입니다.

나는 그녀에게 바다를 선물하고 싶었고 함께 바다에 가서 파도를 바라보고 싶었다. 아무 말 하지 않아도 모든 게 다 통했던 그때처럼, 그렇게 함께 나란히 앉아 있고 싶었다. 마침 내게 바다 사진이 한 장 있었고, 나는 그 사진에 나의 바람을 적어 그녀 앞으로 보냈다.

친구는 내가 보낸 바다를 보고 무척 고마워했다. 그리고 그 사진을 SNS라는 액자에 넣어 걸어두었다.

나에게 쓴 응원편지

살다 보면 내게도 응원이 필요한 날이 있다. 되는 일이 하나도 없거나, 내 존재가 미천해 보이거나, 앞날이 보이지 않을 때 나도 나를 응원해 줄 사람을 찾는다. 그러나 가끔은 아무에게도 속내를 보이고 싶지 않을 때가 있다. 무엇 때문에 힘든지 어느 누구에게도 들키고 싶지 않을 때가 있는 것이다.

그럴 때마다 나는 나에게 편지를 쓴다. 내가 다른 이들에게 건네는 응원이 그들에게 힘이 되듯, 내가 나에게 건네는 응원도 내게 힘을 만들어 준다는 것을 믿기 때문이다.

> 성희야.
> 요즘 많이 힘들지? 절망은 세트로 온다더니 네 삶이 그런 것 같구나. 그래도 넌 이 모든 시련을 이겨낼 수 있는 긍정의 힘!을 가진 사람이잖아.
> 이까짓 절망, 아무것도 아니란 거 알고 있지?
> 지금은 길이 보이지 않는 것 같아도,
> 네가 서 있는 그곳이 바로 너의 길이 될 거야.
> 넌 보이지 않는 길을 다시 그려가며 걷는 재주가 있잖아.

좌절하지 말고 다시 기운을 내렴.
'지금, 내 인생을 향해 엄청난 비바람이 몰아치고 있다.
그래, 바람아 불어라, 비야 내려라.
있는 힘껏 내 마음을 부러뜨리고 꺾어 보아라.
온 몸으로 널 안은 뒤, 다시 일어설테니. 나는 삶을 포기하지 않는다.'

언젠가 네가 썼던 글처럼 너는 쉽게 포기하는 사람이 아니란 걸 믿는다.
힘내. 아자 아자!

참 신기하게도 이렇게 내 자신에게 편지를 쓰면 마음이 한결 가벼워진다. 글을 쓰는 행위를 통해 내 마음이 치유되기 때문이다. 박미라는 『치유하는 글쓰기』에서, "단 한 문장으로도, 서툰 글솜씨로도, 아무렇게나 끼적인 낙서로도 치유의 효과가 나타난다"고 했다. 그러니 우울한 내게 나를 응원하는 긍정의 메시지가 담긴 편지가 매우 큰 힘을 준다는 사실은 분명한 것 같다.

지치고 힘들어서 누군가에게 응원받고 싶은데 딱히 그럴 만한 사람이 떠오르지 않을 땐, 스스로를 응원하는 편지를 써 보자. 쓰는 것만으로도 충분한 힘을 받을 수 있을 것이다.

내게 쓴 편지를 봉투에 넣고 우표를 붙여 우체통에 넣으면, 며칠 뒤 우리 집 우편함에서 또 다른 느낌의 응원편지를 발견할 수 있다. 이것 또한 나를 응원하는 편지쓰기의 포인트이다.

 # 아픔을 나누어 갖는 위로편지

아픔을 기억한다는 것

지난 여름, 한 고등학생의 전시회에 다녀왔다. 작은 갤러리는 아이의 작품으로 가득 차 있었다. 동생의 얼굴을 그린 그림, 어렸을 때 가족들과 함께 놀러갔던 모습을 그린 그림, 남자친구와 함께 입고 싶은 옷을 그린 그림, 언젠가 사람들이 신고 다니길 바라며 그린 구두 그림들이 있었다. 평범한 그림들도 있었지만, 놀라운 그림들도 있었다. 그러나 나를 가장 놀라게 한 것은 계단 벽을 가득 메운 편지들이었다.

세월호 참사로 세상을 떠난 예슬이의 전시회장에는 수많은 쪽지들이 붙어 있었다. 전시장 입구 창가에서 시작된 쪽지 행렬은 계단으로 이어지는 벽을 가득 메웠는데 형형색색의 쪽지와 편지지에는 깨알 같은 글씨가 적혀 있었다. 누군가는 잊지 않겠다고 약속했고, 또 누군가는 미안하다며 스스로를 자책했다. 주인 없는 편지는 그렇게 그날을, 그 아이를 기억하고 있었다.

위로편지에서 가장 중요한 것은 내가 당신의 아픔을 기억하고 있다는 것을 알리는 것이다. 이런 '공감'이 아파하는 사람에게 가장 큰 위로가 되기 때문이다.

　공감은 어렵지 않다. 아파하는 사람의 손을 한번 잡아주고, 그 사람과 눈을 마주치며 그 사람의 마음을 이해하려고 노력하는 것으로 충분하다. 아파하는 사람을 그저 가만히 안아주기만 해도 그 사람은 깊은 위로를 받는다. 프란치스코 교황이 세월호 참사 실종자 가족들에게 보낸 편지가 큰 울림을 주는 이유도 여기에 있다.

> 세월호 참사 실종자 가족 여러분,
> 직접 찾아뵙고 위로의 마음을 전하지 못함을 송구스럽게 생각합니다. 그러나 저는 이번 한국 방문 기간 내내 세월호 참사 희생자들과 실종자들, 그리고 그 가족들을 위한 기도를 잊지 않았습니다.
> 다만 아직도 희생자들을 품에 안지 못해 크나큰 고통 속에서 지내고 계신 실종자 가족들을 위한 위로의 마음을 어떻게 표현해야 할지 모르겠습니다.

이렇게 시작된 편지는 실종자들의 이름을 일일이 열거한 뒤, 그들이 하루 빨리 부모와 가족의 품으로 돌아올 수 있도록 보살펴 달라는 기도로 이어졌고 가족들에게 힘내라는 메시지로 끝을 맺었다.

　프란치스코 교황은 한국에 머무는 동안 세월호 유가족들의 아픔을 어루만졌다. 그들이 전해준 노란 배지를 달고 미사를 드렸으며, 광화문에서 34일째 단식을 하고 있던, 자식을 잃은 아버지의 손을 잡아주었다. 그리고 자신이 만나지 못한 실종자 가족들을 위해 편지와 선물을 남겼다. 교황은 그들의 아픔에 진심으로 공감하고 있었다. 그것은 교황이 할 수 있는 최선의 위로였다.

때로는 말보다 작은 글이
힘이 될 때가 있습니다.

아버지를 떠나보낸 선배에게 보낸 편지

누군가의 아픔을 기억하고, 그 마음에 공감하는 것이 거의 위로의 전부다. 그 상황을 겪어보지 않아서 아파하는 사람의 마음을 100% 이해할 수 없다 할지라도 그의 아픔을 기억해주는 것만으로도 충분한 위로가 될 것이다. 내가 당신의 아픔을 기억하고 있다는 편지 한 통, 그것이면 충분하다.

> 아버님은 잘 보내드리셨지요?
> 그래도 먼 길 떠나기 전날, 오빠랑 아이를 보고 가셨다니 얼마나 다행인지 모르겠어요. 오빠 마음도 한결 편하실 것 같고요.
> 아버님께서 평소에 믿음 생활 열심히 하셨다니, 아마 지금쯤 하늘나라에서 기쁘게 지내고 계실 거예요.
> 가족을 떠나보내는 게 어떤 마음인지 100% 공감할 수는 없지만, 그래도 큰 슬픔을 잘 견디어 내시리라 믿습니다. 하늘에 계신 아버님도 오빠가 이 슬픔 털어내고 다시 원래의 모습으로 돌아오길 바라고 계실 거예요.
> 삶의 모퉁이 모퉁이에서 아버님의 추억과 마주치게 되겠지만, 그 추억이 슬픔이 아닌 기쁨이 되길 바라봅니다.
> 바람이 좋은 날들이에요.
> 이 가을, 너무 쓸쓸하지 않게 보내시길!
> 시내 갈 일 있을 때 연락드릴게요. 함께 밥 먹어요.

좋아하는 선배의 아버님께서 먼 길을 떠나셨다는 소식을 들었다. 장례식장은 공주에 있었다. 주말이었고 여러 가지 일들이 있었지만 나는 모든 걸 미루고 그곳을 다녀왔다. 며칠 후, 아버님을 보낸 선배가 얼마나 쓸쓸할까 싶어 편지를 썼다.

부모님이 모두 살아계신 나는 부모를 잃었을 때의 충격을 100% 이해하지 못한다. 그럼에도 불구하고 나는 선배의 그 아픔을 공감하고 싶었다. 아버님의 영정 사진 앞에서 허탈하게 서 있던 선배의 모습이 자꾸 떠올랐기 때문이다.

나는 선배의 아버님께서 교회에 열심히 다니셨다는 얘기를 떠올리고 강가가 그려진 엽서를 골랐다. 교회에서는 사람이 죽으면 '요르단 강'을 건넌다고 표현하기 때문이다. 마침 나에게 있는 강이 그려진 그림엽서에는 성경 말씀도 적혀 있었다. 나는 이 엽서를 받는 선배가 강 그림과 성경 말씀에서 위로받기를 바라며 글을 썼다. 엽서를 받은 선배가 그 위안을 느꼈는지는 모르겠지만, 나는 선배를 위해서 최선의 엽서를 고르고 싶었다.

편지를 보내고 며칠 뒤, 선배에게서 연락이 왔다. 공주까지 찾아와 준 것도 고마운데 편지까지 보내주어서 정말 감동받았다며 인사를 건넸다. 선배는 얼마 뒤에 내게 편지로 답장을 보내기도 했다. 아버님을 잘 보내드렸지만, 아직도 실감이 안 난다는 내용이었다. 그럼에도 불구하고 내 편지 덕분에 사람의 소중함을 다시 한 번 깨달았다며 고맙다고 했다.

선배의 답장을 통해 나는 다시 한 번 느꼈다. 손편지 하나로도 충분히 위로가 전달된다는 것을 말이다.

아픔을 기억하는 방법들

주변 사람이 큰일을 겪고 아픔에 빠져 있을 때, 우리는 종종 망설인다. 그 사람을 어떻게 위로해야 할지 그 방법을 잘 모르기 때문이다. 그러나 위로가 공감에서 시작된다는 것을 떠올리면 어렵지 않게 접근할 수 있다. 그 사람의 마음을 이해하고, 그가 필요로 하는 것이 무엇일까를 먼저 생각해 보는 것이다.

위로편지를 쓸 때 나는 종종 선물을 함께 보낸다. 내 편지보다 그 선물이 아픈 마음을 더 잘 위로해 주리라 믿기 때문이다.

 갑작스럽게 남편을 잃은 친구에게 처음으로 위로편지를 보내던 날, 나는 내가 갖고 있던 가장 좋은 일기장을 함께 보냈다. 그 일기장은 유명 화가가 그린 그림으로 엮은 것이었고, 내가 구입한 일기장 중에서 가장 비싼 것이었다. 나는 그렇게 좋은 일기장에 글을 쓰는 게 아까워서 일기장을 책장에 꽂아 두고 있었다. 그러나 친구의 소식을 듣고 이걸 보내야겠다는 생각이 들었다. 이 일기장이 그녀를 위로해 주리라 믿었기 때문이다.

 어느 날 갑자기 남편을 잃은 친구에게는 할 말이 많았을 것이다. 원망도 있었을 것이고, 아직 못 다한 이야기도 있었을 것이다. 그러나 그녀에게는 그 이야기를 들어줄 사람이 없었다. 그래서 나는 친구가 일기장에 자신의 이야기를 쓰기를 바랐다. 남편에게 전하지 못한 말을 일기장에 쓰면서 가슴 속에 담긴 아쉬움을 조금이라도 털어내길 바랐던 것이다.

아무리 내가 힘내라는 말로 편지를 가득 채운다 해도, 그것은 의미 없는 메아리가 될지도 몰랐다. 그녀에게는 그녀의 이야기를 들어줄 단 한 사람이 필요할 테니 말이다.

뇌종양으로 투병하던 선배가 병원에 있을 때였다. 나는 그녀의 작품을 가족들에게 선물했다. 오래전 그녀가 썼던 노래가사가 담긴 음반과 그녀와 내가 함께 썼던 연극의 대본을 구해 가족들에게 전해주었다. 죽음을 준비하는 그녀를 지키느라 무너진 마음들을 그 작품들이 위로해 주기를 바랐던 것이다. 그녀의 남편에게는 편지를 건네기도 했다. 이 시간들을 잘 견뎌내도록 잊지 않고 함께 기도하겠다는 편지였다.

요즘도 종종 나는 선배의 남편에게 연락을 한다. 그녀는 떠나고 없지만, 그녀를 위해 기도하고 있는 사람이 있다는 것을 알려주고 싶었다. 아내를 기억하는 한 사람이 있다는 것, 그것만으로 그가 위로받는다는 것을 알기 때문이다.

나는 누군가 가족을 떠나보내면, 49일 즈음에 다시 한 번 연락을 한다. 49제를 지내는 사람에게 내가 당신의 아픔을 아직도 기억하고 있다는 것을 다시 한 번 알려주기 위해서다. 모두 잊어 가고 있지만 나는 여전히 당신의 아픔을 기억하고 있다는 것을 알려주면 사람들은 고마워하고 감동한다. 실제로 아버님을 떠나보낸 선배에게 49일 즈음에 다시 한 번 편지를 보냈을 때, 그는 무척 고마워했다.

위로를 하기 위해 특별한 선물은 필요하지 않다. 오히려 시간이 흐른 뒤에도 그 사람의 아픔을 공감하는 것이 중요하다. 그래서 위로편지를 보낼 때는 '두 번 보내는 것'이 좋다. 그 사람의 아픔을 알게 되었을 때 한 번, 시간이 흐른 뒤에 또 한 번. 이렇게 두 번의 위로편지를 보내면 그 사람의 아픔에 공감하고 있는 내 마음을 제대로 전달할 수 있다.

또 하나는 날짜를 기억해 주는 것이다. 기일을 함께 기억해 주거나, 뭔가 특별한 사연이 있는 날을 기억해 주는 것이다.

아픔을 겪어 본 사람은 안다. 고통을 가슴에 안고 사는 사람들이 아픔이 빨리 끝나기를 바라기도 하지만, 소중한 존재가 잊혀지는 것을 가장 두려워 한다는 것을.

위로를 전하는 편지들

친구를 잃고 받은 편지

2014년 봄, 나는 좀 많이 우울했다. 뇌종양을 앓던 선배를 시작으로 많은 사람을 멀리 떠나 보내야 했기 때문이다. 다섯 번의 부고 중에 나를 가장 큰 충격 속으로 빠트린 건 중학교 때 친구의 죽음이었다.

그 친구와 나는 중학교 2학년 때 같은 반이었다. 별명은 제임스 딘. 언제나 청재킷을 입고 다녔고, 말할 때 한 쪽 눈을 찡그리는 것이 특징이었다. 내게 그 친구의 기억은 '축제'였다. 그가 나를 자신의 학교 축제에 초대했기 때문이다.

그는 남자고등학교에 다녔다. 여고에 다니던 나는 그가 밴드부에서 드럼을 친다며 초대했을 때, 그 학교의 축제에 간다는 것만으로도 어깨가 으쓱했다. 환호 속에서 열심히 연주하는 저 아이가 내 친구라는 게 그렇게 자랑스러울 수가 없었다. 공연이 끝나고 우리는 학교의 구석

구석을 돌아다니며 축제를 즐겼다. 우리는 물풍선을 던지고, 떡볶이를 사먹기도 하고, 여러 부스를 돌며 학생들이 준비한 프로그램에 참여하기도 했다. 그 후 우리는 서로 다른 길에서 다른 인생을 준비하느라 조금씩 소원해졌다.

20여 년 만에 연락이 닿은 친구는 일본에 있었다. 사업 때문에 일본과 한국을 오간다고 했으며 조만간 한국에 들어온다며 꼭 만나자고 했다. 그러나 이틀 뒤 한국에 돌아온 그가 스스로 목숨을 끊었다는 비보를 전해듣게 되었다.

내가 봄에 들었던 다섯 번째 부고였다. 괜찮다고 다짐하며 스스로 토닥여놓은 마음이 한순간에 무너졌다. 영정사진 속의 그는 환하게 웃고 있었다. 친구를 보내고 나는 잠시 멍한 상태에 빠졌다. 삶과 죽음의 굴레에서 어떻게 살아야 할지 혼란스러웠다.

그러던 어느 날 한 통의 편지를 받았다. 생명보험회사 로고가 찍힌 편지봉투였다. 나는 보험회사에서 보낸 설명서인 줄 알고 무덤덤하게 펼쳐봤다. 그러나 그 안에는 손으로 쓴 편지가 들어 있었다.

윤성희 작가님께

안녕하세요? 저를 기억하실지 모르겠네요. 저는 작가님께 편지쓰기 강의를 들었던 박규환이라고 합니다. 기억하셨으면 좋겠네요. 고객을 기다리다가 급하게 편지를 씁니다. 편지지가 남아 있는 줄 알았는데 아니네요. 지금 아니면 이 기분을 표현하지 못할 것 같아 A4 용지에라도 몇 자 적어봅니다.

페이스북으로 아쉬운 소식을 접했습니다. 뭐 말씀을 드려야 할지….
저는 올해 35세. 많지 않은 나이지만 살면서 두 번의 죽음을 접했습니다. 처음은 초등학교 때 좋아하던 짝의 사고였고요. (너무 선명하게 기억이 납니다. 혼자서 신림동 성당에서 기도를 드렸었죠. 신부님이 나오시며 이유를 물으시곤 언젠가 다시 만날 것이니 너무 슬퍼 말라고 하시더군요. 많은 위로가 되었습니다.)

두 번째는 27살 때 가장 친한 친구의 자살이었습니다. 아직도 이유를 모르는 그 녀석의 죽음은 친구들에게 죄책감마저 심어 주었습니다. 친구가 그토록 힘들어한 걸 모르는 죄로요. 참 많이 울었고 참 많이 생각하고 참 많이 반성하며 친구들과 결론을 내렸습니다. 그 녀석에게 보답하는 길은 우리가 열심히 살아서 나중에 웃으면서 보는 걸로요.

작가님! 작가님의 기분을 누구보다 잘 압니다. 이해합니다. 친구분은 돌아올 수 없는 강을 건넜고 우린 따라갈 수 없지요. 친구분께 할 수 있는 최대한의 배려는 작가님이 빨리 털고 일어나 기도하고 추억하는 것인 것 같아요. 그 친구도 그걸 바라지 않을까요?

그때 기억이 나서 갑자기 적어봅니다.

힘내세요, 작가님.

박규환 씨는 강의를 하면서 딱 한 번 만난 분이었다. 강의가 끝나고 편지 한 통을 주고받았을 뿐 친분이 있는 관계도 아니었다. 그러나 나는 이 편지를 읽으면서 펑펑 울었다. 누군가 내 마음을 읽었다는 것, 나와 공감하여 위로해 주고 있다는 사실이 나를 울게 만들었다.

나는 다섯 번의 부고를 겪으며 많이 지쳐 있었다. 겉으로는 아무렇지 않은 척했지만 마음은 그게 아니었다. 왜 자꾸 내게만 이런 일들이 일어나는지 이해할 수 없었고, 어떻게 하는 것이 떠난 이들과 남겨진 이들을 위한 일인지 알 수가 없었다. 그러던 중에 받은 이 편지는 큰 위로가 되었다.

자신의 아픈 경험을 꺼내 놓으며 '당신의 마음을 이해한다'고 해준 그분의 한 마디가 나를 토닥거려 주었다. 그리고 편지지가 아닌 A4지에 급하게 써내려간 손글씨에서 그분이 나를 얼마나 위로하고 싶었는지를 알 수 있었다. 흘려 쓴 글씨체에서 그분의 진심이 느껴졌기 때문이다.

많은 사람에게 위로의 편지를 보냈지만, 나는 편지가 이렇게 큰 위로가 된다는 것을 정작 처음 실감했다. 그래서 그분의 편지를 받고 감사의 마음을 담아 내가 만든 엽서들을 선물로 보냈다. 내가 받은 위로가 그분에게는 기쁨이 되기를 바라면서 말이다.

문자로 전하는 위로

SNS에서 좋아하는 선배가 올린 글을 읽었다. 아버지가 하늘여행을 준비하고 있다는 내용이었다. 선배는 자기에게 이런 일이 일어나고 있다는 게 믿기지 않는다고 했다. 입·퇴원을 반복하던 아버지가 이제 호스피스 병동으로 옮겼다는 내용을 읽는데 가슴이 덜컥 내려앉았다.

위로를 건네고 싶었지만 편지를 쓸 수가 없었다. 상황이 어떻게 변할지 모르기 때문이었다. 호스피스 병동으로 옮긴 선배의 아버지가 얼마나 더 그곳에 계실지는 아무도 몰랐다. 내가 병동에 있는 선배의 아버지를 위해서 기도하겠다고 쓰는 편지가, 어쩌면 장례식 후에 도착할지도 몰랐다. 그래서 나는 휴대폰을 들고 문자를 입력했다.

> 이 가을이 유난히 쓸쓸할 선배. 누군가의 말대로 준비할 수 있는 시간을 주신 아버지께 감사하며 하루하루 의미 있게 보내시길 바라요. 많이 힘드시죠? 기도는 우리가 할 테니 선배는 오롯이 함께 하시길!

나는 선배에게 누군가 함께 기도하고 있다는 사실을 알려주고 싶었다. 그리고 아버지께 더 잘해드렸어야 한다며 자책하고 있을 선배를 위로하고 싶었다. 선배에게는 바로 지금 위로가 필요했다.

　사람들의 아픔에 공감하며 깨달은 사실이 하나 있다. 어떤 아픔은 시간이 흐른 뒤에 위로해야 위안으로 다가오지만, 어떤 아픔은 지금 당장 위로해야 위안이 된다는 것이다. 가끔은 섣부른 위로가 더 큰 아픔으로 다가갈 때도 있지만, 위로받아야 할 때 위로받지 못하면 더 큰 상실감을 느끼게 된다. 나는 지인들이 섣부른 위로로 상처받기를 원하지 않는다. 동시에 위로받아야 할 때 위로받지 못해 더 큰 상실감을 느끼는 것도 원치 않는다. 그래서 늘 그들에게 관심을 가지려고 노력한다. 제때에 위로를 건넬 수 있는 방법은 그 사람을 향해 관심을 갖는 것밖에 없기 때문이다.

시로 전하는 위로

아픔이 크면 클수록 위로를 할 엄두가 나지 않는다. 나의 어설픈 위로가 상대방에게 더 큰 상처가 되지 않을까 염려스럽기 때문이다. 깊은 절망에 빠져 있는 사람에게 "힘내!"라는 말은 어쩌면 부질없는 말일지도 모른다. 가끔은 세상의 모든 위로의 말이 부질없게 느껴질 때가 있다. 가족을 잃은 친구에게 편지를 쓸 때가 그랬다.

친한 친구가 어느 날 갑자기 가족을 잃었다. 전혀 예상하지 못한 일이었다. 친구는 굉장한 슬픔에 빠졌고, 친구를 지켜보는 나는 너무 괴로웠다. 어떤 말이든 위로의 말을 건네고 싶었지만, 뭐라고 해야 할지 도

무지 생각이 나지 않았다. 그래도 나는 친구에게 무언가 얘기해야 한다고 생각했다. 그녀가 슬픔을 덜어낼 수 있도록 말동무가 되어 주고 싶었다. 그래서 위로편지라는 이름으로 편지를 써서 보냈다.

네 주위에는 좋은 사람들이 많이 있으니 아픔을 혼자만 삭이지 말고 함께 나누라고 조언했다. 그러나 나의 위로가 잘못된 방법이었다는 사실을 장 루슬로의 시를 보고 깨달았다.

자갈 위를 흐르는 강물에게

상처 입은 달팽이를 보거든 도우려 들지 마라.
스스로 고통에서 벗어날 것이다.
너의 섣부른 위로나 충고가
그를 화나게 하거나 상처를 줄 수 있다.

하늘에서 제자리에 있지 않은
별을 보게 되거든
그럴 만한 이유가 있을 것이라고 생각하라.

더 빨리 흘러가라고
강물의 등을 떠밀지 마라.
강물은 나름 최선을 다하고 있는 것이다.

이 시를 읽고 나는 친구에게 미안했다. 내가 위로라고 건넨 말들이 마치 '강물의 등을 떠민 것' 같았기 때문이다. 나는 가족을 잃어 본 적도 없으면서 너무 쉽게 그녀의 아픔을 아는 척했다는 생각도 들었다. 나는 서둘러 이 시를 편지지에 옮겼다.

편지와 시를 받은 친구는 내가 쓴 편지보다 이 시가 훨씬 더 마음에 든다고 했다. 오랜 시간 동안 알고 지낸 내가 쓴 편지보다, 얼굴도 모르는 시인의 시 한 편이 그녀의 마음을 더 잘 대변한 것이다. 시는 그녀에게 위로가 되었다.

나는 그때 처음으로 알았다. 저마다 슬픔을 극복하는 방법이 다르다는 것. 슬픔을 꺼내놓으면서 극복하는 사람이 있고, 슬픔을 삭이면서 극복하는 사람이 있다. 나는 전자의 사람이었고, 친구는 후자의 사람이었다. 꽤 오랜 시간 동안 그녀를 알고 지냈다고 생각했는데, 나는 그녀를 충분히 이해하지 못하고 있었던 것이다.

편지보다 짧은 시에 위로받은 친구를 보면서, 때론 마음을 직접 적어 보내는 것보다 시 한 편이 더 좋은 위로편지가 된다는 것을 깨달았다. 차고 넘치는 말로 어설픈 위로를 건네는 것보다 짧은 시 한 편을 보내는 것, 때론 그것이 더 큰 위로가 된다는 것을 말이다.

언젠가는 해외에서 근무하던 선배가 동료들 때문에 힘들어한다는 소식을 접했다. 한국에 남아 있던 직원들이 해외에서 근무하는 선배를 향해 시기 질투를 하는 모양이었다. 선배는 가족과 떨어져 해외에서 일하는 게 쉽지 않은데, 국내의 직원들은 그녀가 특별대우를 받는다며 엉뚱한 소문들을 만들고 있었던 것이다. 선배는 사람에 대해서 깊이 실망한 것 같았다.

그녀의 소식을 듣고 나는 곧바로 편지를 썼다. 해외로 가는 편지라서 오래 걸리겠지만, 그래도 이메일이나 SNS가 아닌 손편지로 내 마음을 전하고 싶었다. 한 장의 편지에는 그동안 우리가 나눈 우정에 대해서 썼다. 언니를 믿는 사람들이 더 많으니 용기를 내라는 내용이었다. 그러나 그것으로는 부족했다. 그래서 이해인 수녀님의 「잎사귀 명상」이라는 시를 함께 적어 보냈다.

잎사귀 명상

꽃이 지고 나면
비로소 잎사귀가 보인다
잎 가장자리 모양도
잎맥의 모양도

꽃보다 아름다운
시가 되어 살아온다

둥글게 길쭉하게
뾰족하게 넓적하게

내가 사귄 사람들의
서로 다른 얼굴이
나무 위에서 웃고 있다

마주나기잎
어긋나기잎
돌려나기잎
무리지어나기잎

내가 사랑한 사람들의 서로 다른 운명이
삶의 나무 위에 무성하다

― 이해인, 『작은 위로』(열림원) 중에서 ―

   나는 이 시가 사람 때문에 상처받은 선배의 마음을 토닥여 주기를 바랐다. 인생의 관계라는 나무에는 '어긋나기 잎'과 '마주나기 잎'이 있고, '돌려나는 잎' 옆에는 '무리지어 나는 잎'들이 있다는 걸 선배가 느낄 수 있었으면 싶었다.

   그날 이후, 나는 사람 때문에 상처받은 지인들에게 이 시를 적어주곤 했다. 이 시를 받은 사람들은 관계에 대해서 다시 한 번 생각해 볼 수 있었다며 좋아했다. 내가 아무리 '사는 게 다 그런 거지!'라고 쓴다고 한들, 이 시만큼 그들의 마음을 헤아리고 위로할 수 있을까. 내가 그들의 감정에 공감한다며 격한 반응을 보이는 것보다, 영국의 시인 워즈워드가 말했던 것처럼 '강력한 감정이 자연스럽게 흐르는' 시를 이용하는 것이 더 큰 공감으로 다가갈지도 모른다.

5장
나만의 손편지 스타일 만들기

 # 손편지를 쓰기 전에 버려야 할 것들

글씨체에 대한 두려움

언젠가 인터넷 실시간 검색어에 '아트체'가 등록된 적이 있다. 어떤 내용인지 궁금해서 클릭해봤더니 이미지 한 장이 떴다. 종이 위에 쓴 글씨체였다. 그 글씨체는 조금 특이했다. 어떻게 보면 예쁜 것 같기도 하고, 어떻게 보면 이상한 것 같기도 했다. 그러나 분명한 것은 글씨의 가독성이 높지 않다는 것이었다. 젊은 사람들에게는 예쁜 글씨체로 보일지 모르지만, 보통은 이게 무슨 글씨냐며 뭐라고 할 것 같은 글씨였다. 그러나 네티즌들은 이 글씨가 아트체라고 칭송하고 있었다. 바로 부활의 김태원 씨 글씨였기 때문이다.

나는 강의 때마다 사람들에게 이 글씨체를 보여주며 글씨에 대한 느낌이 어떤지 물어보았다. 의견은 분분했다. 예쁘다는 사람도 있었고 조금 이상하다는 의견도 있었다. 그러나 김태원 씨의 글씨라고 하면 사람들은 다들 고개를 끄덕인다. 글씨에서 개성을 발견하기 때문이다.

편지 쓰기를 가로막는 가장 큰 원인 중에 하나가 '글씨체'다. 많은 사람들이 자신의 글씨가 이상해서 손으로 편지를 쓰고 싶어도 엄두가 나지 않는다고 말한다. 그러나 앞에서 이야기 했듯이 하나의 글씨체를 놓고도 사람들의 생각은 다르다. 내가 못 쓴 글씨라고 생각해도 누군가에게는 예쁜 글씨로 보이고, 내가 잘 쓴 글씨라고 생각해도 누군가에게는 이상한 글씨로 보일 수 있다. 그러나 그 글씨에 개성이 담겼다고 생각하면 글씨를 보는 느낌이 또 달라진다. 그래서 나는 사람들이 흔히 '악필'이라고 말하는 글씨체를 '개성체'라고 말한다. 글씨로 그 사람만의 개성을 엿볼 수 있기 때문이다.

주변을 살펴보면 의외로 개성체의 소유자들이 많이 있다. 우리가 잘 아는 베토벤과 에디슨, 레오르나르도 다빈치, 피천득과 최인호 씨 등도 모두 개성체의 소유자였다. 베토벤의 음악 중 '엘리제를 위하여'라는 곡이 있다. 그런데 정말 베토벤이 이 곡을 '엘리제'를 위해서 썼을까? 베토벤의 '엘리제를 위하여'는 1810년에 작곡되었지만, 베토벤이 죽고나서 한참 후에 발견되었다. 이 곡은 1867년에 출판되었는데, 베토벤의 개성 넘치는 글씨를 제대로 알아 볼 수 없었던 출판사 직원이 '엘리제'라는 이름을 붙였다고 한다. 그러나 1810년 당시 베토벤이 사랑했던 여자의 이름은 테레제였다. 또 소설가 최인호 씨는 새로운 작품을 출간할 때마다 그의 육필 원고를 해독하는 이벤트를 열었고, 러시아 문학의 거장 톨스토이는 아내가 그의 글씨체를 해독해서 출판사에 보내주었다.

그러나 우리가 잊지 말아야 할 것은, 그들이 끊임없이 작품을 썼다는 것이다. 자신의 글씨가 '악필'이라는 자괴감에 빠지지 않고, '그럼에도 불구하고' 수많은 작품들을 남겼다는 것이다. 만약에 그들이 자신의 글씨체를 탓하며 아무것도 하지 않았다면 어떻게 됐을까? 아무도 그들의 이름을 기억하지 못했을 것이다.

편지 쓰기도 만찬가지다. 편지가 누군가의 가슴에 나를 새겨 넣는 일이라고 생각한다면 '악필'이 아닌 '개성체'라고 생각하고 열심히 써야 한다. 조금 이상한 글씨라도 또박또박 천천히 쓴다면 읽는 사람은 그 정성을 함께 느끼게 될 것이다. 그리고 편지를 읽는 사람은 글씨체보다 편지를 쓴 사람이 전하고자 하는 메시지에 집중하기 때문에 글씨 때문에 기죽을 필요는 전혀 없다.

혹시 개성체의 소유자인가? 그렇다면 지금부터 꾸준히 편지를 쓰자. 아무리 보기 싫은 글씨라도 자주 보면 익숙해지고, 익숙해지면 이 글씨가 잘 쓴 것인지 아닌지를 판단할 수 없게 된다. 그러니 상대방이 내 글씨와 익숙해질 수 있도록 꾸준히 편지를 써 보자.

멋진 문장에 대한 집착

편지를 쓸 때 사람들이 가장 걱정하는 것이 '첫 문장을 어떻게 쓰는가?'이다. 뭔가 멋진 문장으로 시작해야 할 것 같기 때문이다. 그런데 어떤 것이 '멋진 문장'일까? 유명한 사람들의 명언이 멋진 문장일까? 아니면 '하늘은 푸르르고 바람은 살랑거리며 초록으로 물든 세상'이 멋진 문장일까?

흔히들 말하는 '멋진 문장'은 '미문(美文)'이다. 그러나 사람들이 생각하는 미문과 사전에서 말하는 미문은 조금 다르다. '미문'의 원래 뜻이 '아름다운 문장, 또는 아름다운 글귀'인데 반해, 사람들이 흔히 생각하는 미문은 '아름다운 척 하는 문장'이기 때문이다. 자꾸 아름다운 척하는 문장을 쓰려다 보니 하늘은 매번 푸르르고, 바람은 꼭 살랑거리고, 여름이면 온 세상이 초록으로 물들어 버린다. 그러나 조금만 생각해 보면 알 수 있다. 하늘은 날마다 푸르지 않고, 바람은 살랑거릴 때보다 거칠 때가 더 많으며, 여름이라고 세상이 다 초록으로 물들지는 않는다는 것을.

'멋진 문장'에 대한 집착은 우리의 글을 이상하게 만드는 주범이다. 편지를 좀 더 쉽고 자유롭게 쓰고 싶다면 멋진 문장에 대한 집착에서 벗어나야 한다. 대신 나의 솔직한 마음을 그대로 표현하는 것이 좋다. '가을이 왔네요.'라든가, '바람이 차구나'처럼 짧지만 솔직하게 쓰는 게 읽는 사람에게 더 친숙하게 다가간다. 그래서 솔직하게 쓰는 연습을 하는 게 더 좋다. 3장에서 언급한 '나만의 문장 만들기'를 연습한다면 도움이 될 것이다.

   이 세상 어디에도 당신이 찾으려고 하는 멋진 문장은 없다. 그 어떤 멋진 문장보다 당신의 솔직한 문장 하나가 읽는 사람의 가슴에 더 오래도록 기억될 것이다.

손편지에도 원칙이 필요하다

편지쓰기 원칙 정하기

편지쓰기 강의를 하고 나면 교육생들이 이런저런 불만을 이야기할 때가 있다. 편지를 보내도 답장이 오지 않는다거나, 편지를 보내도 사람들이 관심이 없는 것 같다는 불만들을 이야기하는데 그중에서도 가장 많이 이야기하는 것이, "일하기도 바쁜데 그런 편지를 언제 다 쓰느냐?"는 것이다. 안부편지부터 위로편지까지, 편지의 종류가 많다 보니 일일이 그걸 다 챙기기가 힘들다는 것이다.

그런 불만을 토로하는 분들을 이해한다. 나 같은 글쟁이도 모든 종류의 편지를 다 쓰는 것은 쉽지 않다. 하물며 글쓰기가 두렵고, 편지쓰기를 자주 하지 않던 사람이 강의를 듣거나 책을 읽었다고 해서 한꺼번에 수많은 편지를 쓰기란 쉽지 않다.

편지를 쓰고는 싶지만 많은 시간을 할애할 수 없는 경우에는 자신만의 원칙을 정하면 된다. 안부편지나 축하편지, 혹은 감사편지 중에서 자신이 가장 잘 쓸 수 있는 것을 하나 골라서 그것만 쓰는 것이다.

일본에서 영업을 하던 나카지마 다카시는 고객을 만나기 전에 항상 '방문 전 편지'를 보냈다. 상품 설명을 듣기 위해서 약속을 잡아준 고객들에게 시간을 내주어 고맙다고 미리 편지를 보낸 것이다. 직접 대면하기 전에 먼저 도착한 편지는 그 사람을 만난 것 같은 효과를 주었고, 고객들에게 좋은 인상을 심어줄 수 있었다.

카피라이터로 근무하는 선배 중에 한 명은 경조사를 잘 챙기기로 유명하다. 특히 그분은 경사보다 조사에 관심을 더 갖는데, 좋은 일보다 궂은 일에 함께 하는 것이 '도리'라고 생각하기 때문이다. 선배는 힘든 일을 겪는 후배들에게 꼭 편지로 위로의 마음을 전한다. 그것이 선배가 선택한 자신만의 원칙이었다.

나 같은 경우에는 감사편지를 놓치지 않으려고 노력한다. 호의를 베풀어 준 분들께 고맙다는 인사를 꼭 건네고 싶기 때문이다. 이때 놓치지 않고 챙기는 사람이 중간에 다리를 놓아준 분들이다. 예를 들면 이런 분들이다. 언젠가 내가 진행하는 강의 콘텐츠 리스트를 페이스북에 올린 적이 있다. 그랬더니 지인 중에 한 분이 내 글을 공유해 주었고, 그 글을 읽은 교육계 기업의 대표님이 연락을 해 와서 강의할 기회를 주셨다.

나는 곧바로 강의할 기회를 주신 그분께 감사편지를 썼다. 그리고 내 글을 공유해 준 분에게도 잊지 않고 감사편지를 보냈다. 내겐 '간접적인 도움을 주신 분께도 감사를 전하자'는 원칙이 있기 때문이다.

편지를 쓰고는 싶은데 시간 여유가 없다면, 나만의 원칙을 정해서 쓰자. 감사편지나 축하편지를 보내도 좋고, 영업을 했던 다카시처럼 방문 전에 미리 편지를 보내는 방법도 좋다. 자신만의 원칙을 정해서 편지쓰기를 시작하면 중간에 포기하지 않고 꾸준히 쓸 수 있을 것이다.

나에게 맞는 스타일 찾기

편지쓰기 원칙을 정할 때는 나에게 맞는 스타일을 찾는 것이 무엇보다 중요하다. 먼저 내가 가장 편하게 쓸 수 있는 편지를 생각해 보자. 축하편지를 쓰는 게 편한지 감사편지를 쓰는 게 편한지 말이다.

여러 종류의 편지 중에 축하편지는 몇 개의 샘플을 써 두고 활용할 수 있다. 이런 샘플 편지는 편지 쓸 시간이 많지 않은 사람에게 좋을 수도 있다. 그리고 감사편지는 아주 작은 것까지도 감사하는 마음을 표현해야 하기 때문에 세심한 사람이 더 잘 쓸 수 있다.

편지의 내용도 자신만의 스타일대로 만들 수 있다. 격언을 이용하거나 그림을 넣을 수도 있고, 캘리그라피로 한 줄짜리 편지를 쓸 수도 있다. 가장 중요한 것은 내가 가장 쉽고 편안하게 쓸 수 있는 방법을 찾아서 내 스타일로 만들면 된다는 것이다.

편지를 쓰는 시간을 정하는 것도 중요하다. 아침에 일찍 일어나는 사람이라면 아침 시간을 쪼개서 쓸 수 있을 것이고, 퇴근 후에 혼자서 생각할 수 있는 시간이 많은 사람이라면 저녁 시간을 활용해 쓸 수 있다. 쓰는 횟수도 매일 쓸 수도 있고, 일주일에 한 번 쓸 수도 있다. 하루에 한 통을 보낼 수도 있고, 세 통을 보낼 수도 있다. 가장 중요한 것은 지치지 않고 쓰는 것이다.

　문득 생각나는 사람에게 그때그때 상황에 맞게 편지를 쓰고 싶다면 그렇게 하면 된다. 남들이 계획적으로 편지쓰기를 한다고 해서 나도 꼭 그렇게 할 필요는 없다. 1년에 한 번, 연말에만 연하장을 보내야겠다면 그렇게 하면 된다. 내 삶의 사이클을 살펴보고, 거기에 맞게 나만의 스타일대로 보내는 것! 그것이 가장 나다운 방법이고, 가장 오랫동안 편지를 쓸 수 있는 방법이다. 가장 나다운 것이 가장 특별한 것이다.

호칭을 정하는 방법

호칭은 둘 사이의 관계를 보여준다

'편지로 보는 인문학'이라는 강의를 할 때의 일이다. 질문 시간에 한 분이 호칭에 대한 질문을 했다. 자신이 캠핑 동호회에서 활동을 하다 보니 사람들을 닉네임으로 부르는데 편지를 쓸 때 닉네임으로 쓰자니 상대방에 대한 예의가 아닌 것 같고, 그렇다고 이름을 쓰자니 거리감이 생겨서 어색하다는 얘기였다.

내게도 그런 경우가 있었다. 인문학 강의를 하면서 알게 된 분인데, 강사와 교육생으로 만났지만 같이 식사를 하고 긴 이야기를 나누며 친분을 쌓게 되었다. 두 달 동안의 강의가 끝나고 그분이 편지 한 통을 보내 왔는데, 편지에서 나를 '윤성희 님'으로 쓰고 있었다. 평소에는 서로 '선생님'이라 칭했는데, 편지에서는 '님'으로 쓴 것이다. 그분도 편지 서두에서 호칭을 뭐라고 할까 고민하다가 그냥 '님'으로 한다고 했다. 하지만 나는 편지를 읽는 동안 조금 어색했다. '님'이라는 호칭이 익숙하지 않았기 때문이다.

호칭은 두 사람의 관계를 나타낸다. 어떻게 부르느냐에 따라서 친한 친구가 될 수도 있고, 스승과 제자가 될 수도 있으며, 고객이 될 수도 있다.

이름을 어떻게 불러야 할지 모를 때는 그 사람과 나의 관계를 떠올려 보자. 그 사람과 어떻게 관계를 맺었는가를 생각해 보면 실마리를 찾을 수 있다. 친한 친구였다면 다정하게 이름을 부를 수 있을 것이고, 스승이었다면 선생님이라고 할 수 있을 것이다. 인터넷상에서 만나 닉네임으로 알고 지낸 사이라면 닉네임을 써도 좋다. 만약 닉네임으로 알고 지낸 사이인데, 편지를 쓴다고 해서 갑자기 '님'으로 부른다면 상대방도 어색해할 것이다. 서로가 불렀을 때 어색하지 않은 이름, 그것이 가장 좋은 이름이다.

누구나 좋아하는 이름이 있다

내게는 꽤 여러 개의 이름이 있다. 학창시절에 붙은 별명부터 글을 쓰면서 생긴 이름까지, 다양한 이름들이 있다. '째깐'이라는 이름은 학교 다닐 때 친구들이 붙여준 별명이다. 키가 작아서 붙여진 이름인데 고등학교 때 친구들은 아직도 나를 '째깐'이라고 부른다. 성당에서 만난 분들은 내 이름보다 '아가다'라는 세례명을 더 많이 부른다. 20대 때 만난 사람들은 나를 '디따이쁨'이라고 부른다. 처음 글쓰기를 시작할 때 예쁜 글로 세상을 아름답게 해보자는 다짐으로 만든 필명인데, PC통신에서 닉네임으로도 사용했던 것이다. 그때 만났던 사람들은 여전히 나를 '디따이쁨'으로 기억하고 있다. 그러나 나이가 들어가면서 이 이름이 어색해졌다. 실제로 그 이름처럼 예쁜 것도 아니고, 이제 중년의 길을 걷고 있기도 해서 필명을 '글로 보는 마음'이라는 뜻의 '글봄'으로 바꾸었다. 또한 직장에 다닐 때의 별명은 '영심이'였다. 펌 머리를 하나로 질끈 묶고 다녔더니 만화 주인공 영심이와 닮았다며 사람들이 붙여준 별명이었다. 그 회사를 다닐 때는 윤성희보다 영심이로 더 많이 불렸다. 아직도 내 이름이 영심이인 줄 아는 사람들이 있을 정도다. 학교에서 내게 수업을 듣는 아이들은 나를 '쌤'으로 부르고, 일로 만난 사람들은 '작가'라고 부른다. '이름은 하나인데 별명은 서너 개'라는 동요가 딱 내 얘기인 것이다.

사람마다 좋아하는 호칭이 있다. 누군가는 자기를 직함으로 불러주기를 바라고, 누군가는 필명으로 불러주기를 바란다. 나 같은 경우 그 상황에 맞는 이름을 가장 좋아한다. 친구들을 만났을 때는 '째깐'이라는 이름이 좋고, 예전 직장 동료들을 만났을 때는 '영심이'라는 이름이 좋다. 일을 하다 만난 사람들에겐 '작가'라는 이름으로 불리기를 희망한다. 둘 사이의 관계를 나타내 줄 수 있는 이름이 가장 좋기 때문이다.

　나는 둘 사이의 관계를 애매하게 만드는 호칭을 가장 싫어한다. 그래서 휴대폰 수화기 너머에서 "고객님~"이라는 소리가 들리면 전화를 조용히 끊는다. 그 전화는 나에게 한 것이 아니기 때문이다. 그들은 '고객이 될지도 모르는 누군가'에게 전화를 했을 뿐, 윤성희나 영심이나 윤작가에게 전화를 한 게 아니다. 어떤 이름으로 불리든 나는 온전한 '나'이고 싶지, 단체 취급을 받고 싶지는 않다.

이것은 나만의 생각이 아닐 것이다. 사람들은 모두 온전한 '나'이기를 바란다. 그래서 단체로 날아오는 문자에 회신을 하지 않고, 불특정 다수에게 보낸 연하장에 감동하지 않는다. 같은 내용을 똑같이 보낸다고 할지라도 맨 위에 그 사람이 좋아하는 호칭을 하나 넣어주고, 개인적인 이야기를 한 줄만이라도 적어 보낸다면 받는 사람의 마음이 달라질 것이다.

둘 사이의 관계가 정립되지 않은 상태에서 상대방이 좋아하는 호칭을 찾아내기란 쉽지 않다. 그럴 때는 상대방에게 뭐라고 불러야 할지 물어보는 것도 좋은 방법이다. 또는 사람들이 가장 많이 부르는 이름을 사용해도 좋을 것이다. 그것이 그 사람을 대표하는 이름이기 때문이다.

편지를 쓸 때는 상대방이 어떤 이름으로 불리기를 원하는지 생각해 보자. 서로에게 가장 편한 이름, 두 사람의 관계를 잘 나타낼 수 있는 이름, 오롯이 그 사람을 나타낼 수 있는 이름을 쓴다면, 편지지를 가득 메운 편지 속에서도 그 이름은 한눈에 읽힐 것이다.

 # 의미를 부여하는 손편지 재료 선택법

편지지와 엽서

편지를 쓰기 위해서 가장 먼저 해야 할 일은 편지지를 구입하는 것이다. 단순하게 줄만 그어진 괘선지든 예쁜 그림이 있는 편선지든, 편지를 쓰기 위해서는 반드시 어떤 종이가 필요하다. 동네 문구점에만 가도 편지지가 있지만, 마음에 딱 드는 편지지를 구하기가 쉽지 않을 수 있다. 그래서 나는 브랜드가 있는, 대형 문구점을 자주 이용한다.

 대형 서점에 있는 각종 아트공방에서도 독특한 형태의 편지지를 구입할 수 있다. 또한 미술관이나 박물관 등에서는 작가의 작품을 축소해서 만든 엽서나, 또는 공예작가들이 손으로 만든 카드를 구입할 수도 있다.

 편지지를 구하기가 어렵다면 문서를 출력하는 종이에 써도 좋다. 요즘은 A4 용지도 여러 가지 색으로 나오고 디자인이 되어 있는 것도 있으니 그 종이를 편지지처럼 활용할 수도 있다.

 출력용지 중에서 내가 가장 선호하는 종이는 한지로 된 종이이다. 고급스럽기도 하고 색과 무늬가 독특해서 다양하게 활용할 수 있기 때문이다. 나의 지인은 편지를 항상 원고지에 쓴다. 칸에 딱딱 맞추어 쓰는 것은 아니고 편안하게 자기 스타일대로 쓰는데, 조금 특이한 것은 꼭 국제우편 봉투를 이용한다는 것이다. 받는 사람이 우편함에서 국제우편 봉투를 발견할 때 뭔가 설레는 기분을 주고 싶기 때문이란다.

만약 마음에 드는 편지지가 없거나 혹은 편지지에 줄이 너무 많아서 편지의 분량이 걱정된다면 엽서를 만들어 쓸 수도 있다. 스마트폰이나 디지털 카메라로 찍은 사진을 엽서용으로 인쇄하면 세상 어디에도 없는 나만의 특별한 엽서를 만들 수 있다. 그런데 한 장의 사진을 300장에서 500장 정도를 인쇄해야 한다는 단점이 있다. 이럴 경우에는 여러 명이 사진 한 장씩을 골라서 엽서로 만든 후, 서로 나누어 갖는 방법을 사용해도 좋겠다. 그러면 한 사람이 여러 종류의 엽서를 100장씩 사용할 수 있다.

　엽서를 한꺼번에 인쇄하는 것이 부담된다면 가지고 있는 사진을 인화해서 그 뒷면을 이용하는 것도 좋은 방법이다. 사진은 엽서와 달리 여러 종류를 쓸 수 있기 때문에 그때그때 상황에 맞게 고를 수 있는 이점이 있다.

편지지와 펜의 궁합

편지지에 펜으로 글씨를 쓸 때는 종이와 펜의 궁합도 따져 봐야 한다. 한지에 잘 써지는 펜이 있는가 하면, 엽서에 잘 써지는 펜이 있고, A4

용지에 잘 써지는 펜 등 매우 다양하기 때문이다. 편지지와의 궁합을 따지지 않고 무작정 펜을 들었다가 나 역시 낭패를 본 경험이 있다.

한지에 가장 잘 써지는 펜은 붓펜이다. 그러나 붓펜으로 글씨를 잘 쓰기란 쉬운 일이 아니다. 연습을 통해 숙달된 사람들은 쓱쓱 쓰기만 해도 멋들어진 글씨가 완성되지만, 내겐 무척 힘든 일이었다. 먹과 잉크는 비슷할 거라는 단순한 생각에서 한지에 만년필로 써 보았다. 그러나 써 보니 만년필촉에 한지가 가득 뭉쳤고 한지는 한지대로 상했다.

만년필은 번들거리는 엽서에도 어울리지 않는다. 잉크가 엽서에 제대로 흡수되지 않기 때문이다. 번들거리는 엽서에는 수성펜이나 일반 볼펜으로 쓰는 것이 가장 효과적이다. 이 펜들을 이용하면 글씨가 번지거나 글씨의 명암이 드러나는 일은 생기지 않는다. 어떤 종이에든 쓱쓱 잘 써지는 건 일반 볼펜이지만, 종이의 질감에 맞는 펜으로 편지를 쓰면 기분이 좋아지는 것을 느낄 수 있을 것이다.

편지를 쓸 때는 우선 종이와 펜의 궁합을 먼저 체크해 보자. 편지지 위에 내가 쓰려고 하는 펜이 잘 흡수되는지, 이것만 확인해도 편지지나 엽서를 버리는 일은 줄어들 것이다.

우표와 우체통

편지쓰기에서 가장 중요한 것은, 우표를 붙이고 우체통에 편지를 넣는 것이다. 아무리 긴 편지를 썼다고 해도 우체통에 넣지 않으면 아무 소용이 없다. 실제로 많은 사람들이 편지를 쓰고도 우표를 붙이지 않아서, 혹은 우체통을 발견하지 못해서 오랜 시간이 지나도록 편지를 가지고 다니는 경우도 있다.

옛날에는 동네 문구점에서도 우표를 판매해서 쉽게 구할 수 있었다. 그러나 요즘은 동네 문구점에서 우표를 구하기가 쉽지 않고, 우체국까지 가야 하는 경우가 더 많다. 우체국에 가면 간혹 우표 대신 접수 스티커를 붙여주는 경우가 있는데, 더 낭만적인 우표를 이용했으면 좋겠다. 아무리 손으로 정성껏 편지를 썼다고 할지라도 접수 스티커가 붙어서 온다면 감동이 조금 떨어질 것이다.

편지봉투 위에 있는 우표 한 장, 그것은 매우 많은 것을 함축하고 있다. '요즘은 우표가 300원이네', '어렸을 땐 새 우표 사려고 우체국 가서 줄도 섰는데…', '어느 집에든 우표 수집책은 하나씩 있었지' 등, 우표는 받는 사람에게 또 다른 추억을 일깨워 줄 수 있다.

우표를 붙인 편지는 꼭 우체통에 넣어야 한다. 그러나 요즘은 우체통을 찾는 일도 쉽지 않다. 우편물이 적어지면서 우체통들도 사라지고 있다. 실제로 뉴스를 통해 발표된 통계자료에 의하면, 2008년에 23,761개였던 우체통이 2013년에 18,060개로, 약 5년 간에 25%나 감소했다. 게다가 우체국에서 우체통 속에 편지를 거두어가는 횟수도 줄고 있다. 그래도 얼마 전까지는 하루에 두 번을 걷어가는 곳이 많았는데, 이제는 하루에 한 번만 거두어가는 곳이 많아졌다.

편지를 수신인 손에 좀 더 빨리 도착하게 하려면, 우체통 앞부분에 적혀 있는 거두어가는 시간을 알아두면 좋다. 그 시간을 미리 확인한 후 되도록이면 그 시간 전에 넣어야 3~4일 후쯤에 편지가 수신인에게 도착한다. 예를 들어 우편물을 거두어가는 시간이 오후 2시라고 치자. 만약 그날이 금요일이었고, 내가 2시 이후에 우체통에 편지를 넣었다면, 그 편지는 월요일 오후 2시가 되어야 우체통 밖으로 나온다. 그리고 그로부터 3~4일 후인 목요일이나 금요일에 수신인에게 도착하는 것이다. 그러니 수신인에게 편지를 좀 더 빨리 전달하고 싶다면 우체통의 우편물 수거 시간을 확인하고, 그 시간 안에 편지를 넣도록 하자.

# 손편지로 영업하지 말자

고수들의 비법

손편지는 진심을 전하는 최고의 수단이다. 그러나 진심을 전하기 전에 손편지에 사심을 품고 접근하는 사람들이 많다. 손편지를 영업의 수단으로만 생각하는 사람들이 많다는 얘기다.

'손편지 관계혁명'이라는 주제로 강의를 했을 때의 일이다. 마침 강의를 들으러 오신 분 중에서 누군가에게 계속해서 손편지를 받고 있는 분이 있었다. 그분은 오늘 아침에도 자신의 집 우편함에 편지가 도착해 있었다며 내게 그 편지를 보여주었다.

편지의 수신인과 발신인, 두 사람은 동네에서 어쩌다 알게 된 사이였다. 편지를 받은 분은 보험영업을 하는 분이었고, 편지를 보낸 분은 영유아용 책을 판매하는 분이었다. 그런데 보험을 하는 분이 아이를 낳자, 책을 판매하는 분이 그분을 타깃으로 삼고 일주일에 두세 번씩 편지를 보냈고 편지는 매번 두세 장씩 채워져 있었다. 그런데 문제는 받는 분이 매우 부담스럽게 생각한다는 것이다.

서로 잘 아는 관계도 아니고 어쩌다 알게 된 사이인데, 이렇게 자주 편지를 받다 보니 미안하기도 하고 부담스럽다는 것이다. 편지를 받는 본인도 영업을 하고 있어서 그 심정은 알겠지만 마음이 쉽게 열리지 않는다고 했다.

나는 양해를 구하고 그분이 받은 편지를 읽어보았다. 글씨로 빼곡히 채워진 세 장의 편지에는 보낸 분이 다니는 회사에서 만든 '영업전략서'에나 등장할 만한 내용들로 꽉 채워져 있었다. 아이가 지금 몇 개월이니 지능에 이러저러한 영향을 미치고, 이럴 때는 어떤 책들을 읽어주어야 한다는 내용이었다. 이건 누가 봐도 '영업용'이었다. 아무리 손편지라 할지라도 그렇게 대놓고 영업하는 편지는 반갑지 않다.

영업의 고수라고 불리는 사람들은 절대 그런 편지를 쓰지 않는다. 그분들은 한 통의 편지를 써도 그 안에 진심을 담는다.

I사에 근무하는 영업 고수는 계약을 체결하는 고객에게 감사의 의미를 담아 선물을 보낸다. 그녀가 선택한 선물은 책인데, 책 안쪽에는 자신이 그동안 전하지 못한 감사의 마음을 편지로 써서 보낸다. S사에 근무하는 영업고수는 명함 대신 카드를 이용한다. 명함에 적힌 회사 로고와 이름이 상대방에게 부담으로 작용할 수 있기 때문이다. M사의 영업고수는 처음 만나게 되는 고객들에게 상품 소개장 대신 자신의 소개서를 보낸다. 자신이 어떤 철학을 가지고 이 일을 하고 있는가를 알려주는 것이다.

편지를 '영업의 수단'으로 사용하지 말자. 손편지로 고객을 확보하고 싶다면 그 사람과의 관계를 먼저 생각하고, 둘 사이의 관계를 정립하자. 그래야 그 다음 단계로 나아갈 수 있다. 모든 영업은 관계가 먼저라는 것을 꼭 기억하자.

답장에 대한 오해

마트에 갔을 때 '원 플러스 원' 상품을 발견하면, 지금 당장 필요하지 않더라도 사게 되는 경우가 많다. 우리는 주는 것보다 받는 것에 익숙하다. 어쩌다 내가 누군가에게 무언가를 하나 주면, 상대방도 나에게 무언가를 하나 주기를 바란다. Give & Take에 익숙한 세상이다.

그러나 편지는 Give & Take가 되지 않는다. 내가 편지를 보냈다고 해서 상대방이 답장을 보낼 확률은 그리 높지 않다. 답장은커녕 '잘 받았다'는 문자를 받기조차 힘들다. 상황이 이렇다 보니 '원 플러스 원'은 상상하기조차 힘들다. 내가 한 통의 편지를 보냈다고 해서 두 번이나 연속으로 답장을 보내는 사람은 흔치 않다는 뜻이다.

지난 겨울, 지인들에게 150여 장의 연하장을 보냈다. 물론 손으로 직접 쓴 편지였고 받는 사람에 따라 그 내용도 모두 달랐다. 그럼에도 불구하고 '편지 잘 받았어!'라고 대답한 사람은 문자와 답장, SNS를 포함해서 10% 정도였다. 나머지 90%는 '잘 받았다'는 인사조차 보내지 않았다. 물론 답장을 받기 위해서 편지를 쓰는 것은 아니다. 그저 내가 그 사람들에게 할 말이 있기 때문에 쓴 것이다. 그러나 나는 좀 궁금했다. 그들은 왜 답장을 쓰지 않는 것일까?

사람들이 편지를 쓰지 않는 데는 여러 가지 이유가 있다. 글씨가 악필이라서 못 쓰는 사람도 있고, 글쓰기가 두려워서 시작조차 하지 못하는 사람도 있다. 또한 맞춤법이나 문장에 대한 자신감이 없어서 쓰지 못하기도 하며, 게을러서 쓰지 않기도 한다. 그런데 이중에서 가장 큰 원인은 답장을 보낼 편지지가 없다는 것이다.

　사실 집에 편지지를 보관하는 사람은 흔치 않다. 애인이 군대에 갔거나, 학교 숙제로 편지를 써야 하는 초등학생이 있는 집을 제외하면 대부분의 사람들은 편지지를 거의 사용하지 않는다. 그러다 보니 예쁜 편지지 위에 손글씨가 담긴 편지를 받아도 답장을 할 엄두가 나지 않는 것이다. '편지지를 사러 가리라!' 마음을 먹어도 문구점까지 가기가 쉽지 않다. 편지지를 구입했다 하더라도 우표를 구하기 힘들거나, 우체통을 발견하기 힘들 수도 있다.

답장 보내기를 가로막는 요인은 우리가 생각하는 것보다 훨씬 많다. 그렇기 때문에 편지를 보낼 때는 답장이 오리라는 기대를 버려야 한다. 'Give & Take'가 아닌 'Give & Give & Give'를 실현한다고 생각하면 마음이 훨씬 가벼워질 것이다. 그럼에도 불구하고 답장을 받고 싶다면, 편지를 보낼 때 상대방에게 편지지와 우표를 선물로 함께 보내보자. 손글씨가 적힌 편지지를 보는 순간, 편지를 받은 사람도 편지를 써야겠다고 생각할지 모른다. 내가 보낸 편지지가 그 사람의 마음을 움직여 나에게 답장을 써도 좋고, 내가 아닌 다른 사람에게 편지를 써도 좋지 않을까? 내가 보낸 편지지 하나가 세상을 조금 더 따뜻하게 만드는 도구가 될 테니까 말이다.

부록
필요할 때 찾아보는 손편지 예문

나만의 스타일로 편지를 쓰기 위해서
계절인사와 특별한 기념일을 이용할 수 있다.
사계절의 변화를 24개로 나누어 정리한 절기는
우리의 삶과 매우 밀접한 관계를 맺고 있어
편지를 쓸 때 활용하기 좋다.
또한 설, 발렌타인데이, 입학, 졸업, 식목일, 휴가철 등의
특별 시즌도 편지쓰기에 좋은 날이다.
필요할 때 찾아보는 손편지 예문을 이용하여
받는 이에게 기억되는 나만의 편지를 써 보자.

월	구분	날짜	특징	활용 단어
1월	새해	(양) 1/1	새로운 해를 시작하는 날	새해, 첫날, 시작, 다짐, 출발, 새로운 도화지
	소한	(양) 1/5 또는 6일	본격적인 강추위가 몰려오는 시기	한파, 추위, 엄동설한
	대한	(양) 1/20 또는 21일	겨울을 매듭짓는 절정의 추위	매서운 추위, 겨울의 절정

- 우리 앞에 새로운 도화지가 펼쳐졌네요.
  우리는 도화지의 첫 장에 가장 먼저 어떤 그림을 그리게 될까요?
- 새로운 해를 시작하는 오늘! OOO님 마음의 날씨는 어떤가요?
- 옷깃을 단단히 여미게 되는 추운 날입니다.
- 아무리 추위가 매서워도, 이 추위 어딘가에서는 봄이 시작되고 있을 거예요.

월	구분	날짜	특징	활용 단어
2월	입춘	(양) 2/4 또는 5일	봄이 시작되는 날, 상징적인 의미의 봄, 봄이 시작되어 크게 길함	봄의 시작, 입춘대길
	우수	(양) 2/18 또는 19일	눈이 비로 바뀌고, 얼었던 땅이 녹음 얼음이 녹고 봄비가 내림	봄비, 따뜻함, 졸업
	졸업	(양) 2/12~	다니던 학교를 졸업하고 더 넓은 세상으로 첫발을 내딛음	졸업, 넓은 세상, 첫 관문, 첫발
	발렌타인데이	(양) 2/14	여자가 남자에게 사랑을 고백하는 날	사랑, 고백, 초콜릿

- 드디어 봄이 시작되었습니다. 오늘 대문 앞에 '입춘대길'이라고 써 붙이셨나요?
- '얼음이 녹으면 무엇이 될까요?'란 질문에 아이들이 그랬다죠? '봄이 온다'고요.
- 모두들 졸업이 끝이라고 말하지만, 졸업은 더 큰 세상으로 향하는 첫 관문이에요.
- 오늘은 발렌타인데이! 초콜릿이 아닌 작은 시집에 마음을 담아 고백해 봅니다.

월	구분	날짜	특징	활용 단어
3월	경칩	(양) 3/5 또는 6일	겨울잠 자던 동물들이 깨어남 농촌에서 봄을 준비하는 시간	개구리의 노래, 농촌의 봄
	춘분	(양) 3/20 또는 21일	낮과 밤이 같고 겨울이 끝남 만물이 생기 있고 활기차게 움직임	겨울과의 이별, 새싹이 움틈
	새학기/입학	(양) 3/2	새로운 학교생활이 시작 되는 때	새 학기, 시작, 노트
	화이트데이	(양) 3/14	남성이 여성에게 사랑을 고백하는 날	사랑, 고백, 사탕

- 잠자던 개구리가 깨어나 노래를 한다는 경칩입니다.
- 만물이 생기 있고 활기차게 새로운 삶을 시작한다는 춘분이에요.
- 새로운 책을 가방에 넣고 설레는 맘으로 학교에 가던 그날이 떠오릅니다.
- 화이트데이에 당신께 고백합니다. 당신은 나의 가장 좋은 친구라고.

월	구분	날짜	특징	활용 단어
4월	청명	(양) 4/4 또는 5일	삼라만상이 화창하고 맑고 밝은 봄	맑고 밝은 봄, 싱그러운 시간
	곡우	(양) 4/20 또는 21일	곡식에 필요한 비가 내리고 싹이 움틈	곡식, 비, 땅, 새싹
	만우절	(양) 4/1	작은 거짓말로 즐거움을 나누는 날	거짓말, 웃음
	식목일	(양) 4/5	나무를 심고 자연을 가꾸는 날	나무, 화분, 묘목

- 세상의 모든 만물이 제 빛을 찾아가는 청명입니다.
- 곡식에 필요한 비가 내린다는 곡우예요. 여러분의 마음 밭에도 비가 내리고 있나요?
- 거짓말을 하면 코가 길어지는 피노키오. 그러나 오늘 하루만큼은 맘껏 거짓말을 해도 코가 길어지지 않는다죠?
- 작은 화분에 꽃씨를 심으며, 제 마음 속에도 꿈을 하나 심어 봅니다.

월	구분	날짜	특징	활용 단어
5월	입하	(양) 5/5 또는 6일	여름이 시작 되는 날	여름의 문턱
	소만	(양) 5/21 또는 22일	햇볕이 충만하고 만물이 생장하여 가득 참	충만, 생장, 자라남
	어린이날	(양) 5/5	아이들의 인격을 존중하고 행복을 도모하기 위해 정한 기념일	아이, 어린시절, 동심의 세계
	어버이날	(양) 5/8	부모님의 은혜에 대해 생각하는 날	부모님, 사랑, 기쁨
	스승의 날	(양) 5/15	스승님의 은혜에 대해 생각하는 날	학창 시절, 멘토, 스승

- 여름이 시작된다는 입하예요. 그러고 보니 어느덧 여름의 문턱에 서게 됐네요.
- 햇볕과 바람, 나뭇잎의 속삭임이 참 좋은 계절입니다.
- 아이들을 위한 어린이날! 우리도 동심의 세계로 돌아가 보는 건 어떨까요?
- 엄마 아빠가 되어봐야 부모님의 마음을 이해할 수 있죠? 오늘은 어버이날입니다.
- 학창 시절에 공부와 지혜를 가르쳐 주시던 선생님들이 떠오르는 날입니다.
- 서로가 서로에게 멘토가 되어 보는 건 어떨까요?

월	구분	날짜	특징	활용 단어
6월	망종	(양) 6/5 또는 6일	곡식의 씨를 뿌리는 날	씨, 텃밭
	하지	(양) 6/21 또는 22일	1년 중에 낮 시간이 가장 긴 날	길어진 낮, 여름

- 곡식의 씨를 뿌린다는 망종입니다. OOO님의 마음 밭에는 어떤 씨를 뿌리셨나요?
- 오늘부터 밤보다 낮이 더 길어진다고 합니다. 본격적인 여름이 시작된 것 같아요.
- 삶에 힘들고 지쳤다면 오늘부터 태양 에너지로 힘을 충전해 보세요.

월	구분	날짜	특징	활용 단어
7월	소서	(양) 7/7 또는 8일	습도가 높아지고 장마가 시작되는 때	습함, 장마, 소나기
	대서	(양) 7/22 또는 23일	1년 중 가장 더위가 극에 달하는 때	불볕 더위, 폭우
	휴가	(양) 7/20 ~	일상에서 벗어나 생기를 충전하는 때	여행, 휴식, 재충전

- 장마 전선이 한반도를 향해 달려오고 있다고 합니다.
- 비구름이 물러가고 다시 뜨거운 태양이 그 자리를 지키고 있는데요. OOO님의 삶에 살짝 낀 비구름도 어서 빨리 걷히길 바랄게요.
- 푹푹 찌는 한여름, 때론 한바탕 쏟아지는 소나기가 시원함을 선물하죠.
- 나만의 섬을 찾아 떠나는 여행! 자연의 에너지를 가득 충전해서 오시길 바랄게요.
- 여름은 젊음의 계절, 청춘의 계절이지요. 청춘이란 나이가 아니라 가슴에 품은 열정을 뜻하는 것! 이 여름을 뜨겁게 살아갈 OOO님을 응원합니다.

월	구분	날짜	특징	활용 단어
8월	입추	(양) 8/7 또는 8일	가을이 시작되는 때	가을의 시작, 가을의 첫발
	처서	(양) 8/23 또는 24일	더위가 물러가고 쓸쓸한 가을이 시작됨	시원함, 쓸쓸함

- 덥다 덥다 한지가 엊그제 같은데, 이젠 날씨가 제법 시원해 졌네요.
- 더위가 물러가고 쓸쓸한 가을이 시작된다는 처서예요.
- 드디어 가을이 시작되었네요.
- 이제 초록의 이파리들이 옷을 갈아입을 준비를 하겠지요?

월	구분	날짜	특징	활용 단어
9월	백로	(양) 9/7 또는 3일	논밭의 농작물에 흰 이슬이 맺힘	아침 이슬, 투명함
	추분	(양) 9/23 또는 24일	밤낮의 길이가 같아지고 가을걷이가 시작됨	가을, 수확
	추석	(음) 8/15	한 해 농사를 끝내고 추수에 감사하는 때	감사, 한가위, 풍성함, 보름달

- 논밭의 작물들에 흰 이슬이 내린다는 백로입니다.
- 길었던 낮이 다시 제자리를 찾는 날입니다. 오늘부터 밤과 낮의 길이가 같아지죠.
- '더도 말고 덜도 말고 한가위만 같아라!'는 말이 있습니다.
- 한 해 농사를 끝내고 추수한 모든 것들에 감사하는 때인데요,
  OOO님의 마음밭에서는 어떤 것들을 수확하셨는지요?

월	구분	날짜	특징	활용 단어
10월	한로	(양) 10/8 또는 9일	차가운 이슬이 맺히기 시작함	가을바람, 찬이슬
	상강	(양) 10/23 또는 24일	서리가 내리기 시작하는 날. 단풍이 절정에 달하는 시기	서리, 단풍구경

- 세상의 모든 나무들이 붉은색 옷을 갈아입었습니다.
- 나무 이파리에 차가운 이슬이 맺히고, 나뭇가지가 찬바람에 흔들리는 가을입니다.
- 길가에 있는 모든 나무에 가을이 내려앉았습니다.
- 요즘 거리를 보면 하늘거리는 코스모스가 가득하지요.
- 가을의 시작은 코스모스가 알려주는 것이 아닐까 싶어요.

월	구분	날짜	특징	활용 단어
11월	입동	(양) 11/7 또는 8일	겨울이 시작되는 때	겨울의 시작, 겨울의 문턱
	소설	(양) 11/22 또는 23일	땅이 얼고 눈이 오기 시작함	눈, 눈사람, 눈길

- 한 해의 마지막 계절, 겨울이 시작되는 날입니다.
- 겨울의 문을 열고 첫발을 디딘 아침이네요.
- 첫눈이 내릴 때 손톱에 봉숭아물이 남아 있으면 첫사랑이 이루어진다죠?
- 눈 내리는 날, 누군가와 만나기로 약속하셨나요?

월	구분	날짜	특징	활용 단어
12월	대설	(양) 12/7 또는 8일	눈다운 눈이 많이 내리는 때	폭설, 눈, 눈사람
	동지	(양) 12/21 또는 22일	밤이 가장 긴 날	팥죽, 긴 밤
	성탄절	(양) 12/25	예수의 탄생일, 세상 모두의 축제	크리스마스, 축제, 성탄카드

- 하늘에 쌓였던 모든 눈들이 지상으로 내려오는 것 같은 날이에요.
- 팥죽을 먹으며 잡귀를 몰아낸다는 동지입니다.
- 새해를 시작한지 얼마 되지 않은 것 같은데, 벌써 끝을 향해 걸어가고 있네요.
- OOO님을 만났던 흔 해가 저물어 가고 있습니다. 그러나 우리의 우정은 저물지 않으리라 믿어요.
- 우리는 압니다. 죽은 것 같이 보이는 겨울도 봄을 준비하고 있다는 것을.